KB000579

명상의 힘

Sitting Comfortably

SITTING COMFORTABLY
by Swami Saradananda

First published in the UK and USA in 2021
by Watkins, an imprint of Watkins Media Limited

명상의 힘

Sitting Comfortably

스와미 사라다난다 지음
김재민 옮김

Swami Saradananda

안정적인 호흡, 집중된 마음, 평화로운 쉼의 기술

판미동

제게 위대한 평화를 발견하는 법을 보여 준 스승
스와미 비슈누 데바난다(Swami Vishnu-devananda)님께
이 책을 바칩니다.

차례

머리말 *8*

Chapter 1 *13*

평화로운 명상을 시작하기에 앞서

Chapter 2 *35*

명상을 방해하는 요소 들여다보기

Chapter 3 *55*

올바른 정렬과 다양한 명상 자세

Chapter 4 *101*

몸을 풀어 주는 스트레칭과 요가 아사나

Chapter 5 *163*

마음을 가라앉히고 집중력을 높이는 호흡법

Chapter 6 189

몸과 마음의 균형을 찾는 식단과 생활습관

Chapter 7 205

세상과 자기 자신을 대하는 마음가짐

Chapter 8 223

자신을 다독이며 꾸준히 수련하는 법

일반적으로 묻는 질문들 240

참고 도서 243

감사의 말 244

옮긴이 후기 245

머리말

사랑하는 친구 여러분, 독자 여러분.

최근 몇 년 동안 명상은 스트레스, 불안, 우울증과 같은 '현대적' 고통을 다루는 수단으로 널리 인정받고 있습니다. 명상은 내면의 고요함과 평온한 느낌을 재발견하게 해 줍니다. 실로 삶에서 더 많은 기쁨을 얻는 데 매우 효과적인 수단이라고 할 수 있습니다.

저는 40년 이상 요가와 명상을 가르쳐 왔습니다. 대부분의 시간을 세계 곳곳의 아쉬람(Ashram)과 피정 센터에서 보냈으며, 현재는 런던의 한 아파트에서 평화로운 일상을 지켜 가고 있습니다.

수업을 하고 그룹을 이끌면서, 저는 사람들이 명상하려 애쓰는 모습을 지켜봐 왔습니다. 그리고 수업 후 저에게 언급하는 어려움과 복잡한 점들에 귀 기울이며 명상을 하고자 하는 사람들이 겪는 문제점을 관찰했습니다. 저는 사람들이 명상하고 싶어 해도 명상하는 것 자체가 편하지 않기 때문에 수련하기를 망설이거나 단념한다는 사실을 깨달았습니다.

그래서 명상 수련을 예비하는 책을 쓰겠다고 마음먹었습니다. 이 책에서는 명상을 평화롭게 하기 위해 몸과 마음 둘 모두를 준비하는 데 사용할 수 있는 광범한 정보와 기법들을 제시합니다.

대부분의 내용은 제가 관찰한 결과들이며, 상당 부분은 요가 선생님들을 위해 2004년부터 제가 가르치고 있는 '명상 교습(Teach Meditation)' 수업을 기반으로 하고 있습니다. 이 과정은 요가의 관점을 바탕으로 하지만, 이 책에 수록된 통찰과

실천 방법들은 명상이나 묵상 또는 마음챙김을 하는 모든 수련자들에게도 도움이 될 것입니다.

이 책은 처음으로 명상을 시작하려는 사람들이 초반의 장애물과 불편함을 넘어설 수 있도록 도와줍니다. 뿐만 아니라, 이미 명상 수행을 하고 있지만 높은 단계로 나아가는 데 신체적·정신적 장애물에 직면한 분들에게도 도움을 줄 것입니다. 명상을 위해 앉아 있는 것이 때로는 육체적으로 불편할 수도 있긴 하지만, 그럼에도 불구하고 그것이 결코 지나치게 고통스럽거나 또는 신체적 부상이나 정신적 고통을 초래해서는 안 됩니다.

명상을 방해하는 가장 일반적인 장애물로는 시간을 내기 어려움, 자기 규율 부족, 졸음, 산만함, 그리고 단순히 앉아 있는 것 자체가 너무 고통스럽게 느껴짐 등이 있습니다. 이 책에서 저는 이러한 모든 장애물들과 그 이상을 극복하는 데 도움이 되고자 합니다.

이 책은 어려운 명상 철학이나 고급 명상 기법을 가르치지는 않는다는 점에 주목해 주시기 바랍니다. 이런 정보는 다른 많은 자료와 스승들로부터 얻을 수 있습니다. 이 책은 단순히 여러분의 명상 준비를 돕기 위한 것입니다. 물론 사람들은 이 책에서 제안하는 사항을 따르지 않고도 명상 수행을 할 수 있고, 실제로도 그렇게 합니다. 그렇지만 저는 바쁜 21세기 라이프스타일로 살아가는 사람들에게, 희망컨대, 영감을 불러일으킬 수 있고 도움을 줄 수 있는 정보와 기법들을 제시하려 노력했습니다.

요가가 유행하기 전부터 요가를 수련해 온 저는, 친구로부터 퀘벡에 있는 아쉬람에서 요가를 집중적으로 연습할 수 있다는 말을 듣고 찾아갔다가 처음으로

명상을 경험하게 되었습니다. 그곳에 도착했을 때 기온은 영하였고, 방문자는 저뿐이었습니다. 그곳에서 저는 아사나(요가 자세/동작) 수업 외에도 매일 두 차례 명상 세션에 참여해야 했습니다.

비록 저는 명상이 무엇인지 전혀 몰랐지만, 정해진 시간에 참석해서 '수업'이 시작되기를 기다렸습니다. 아쉬람에서 일하는 다른 참가자들은 머리에 숄을 뒤집어쓴 채 다리를 꼬고 앉아 눈을 감고 있었습니다. 30분 후, 그들은 아무 말 없이 일어나 자리를 떴습니다.

많은 사람들과 마찬가지로 저도 처음에는 명상이 그저 가만히 앉아 있는 것이라고 생각했습니다. 하지만 그 후 저는 이것이 진실과는 거리가 멀다는 것을 알게 되었습니다. 명상은 '영원한 현재에 완전히 집중하는 마음 상태'라고 말하는 것이 더 정확할 것입니다.

마음의 본성은 가만히 있지 못하는 경향이 있으므로, 초심자에게는 평화로운 상태를 이루는 것이 어려워 보일 수 있습니다. 요가 철학에 따르면, 보통 사람은 매초 약 1,000가지 생각을 한다고 합니다. 그 각각의 생각은 새로운 정신적 파동을 일으킬 뿐 아니라 몸에도 반응을 일으킵니다. 최근의 연구에서는 멀티태스킹이 환상에 불과하다고 말하기도 합니다. 정작 마음은 한 번에 오직 하나의 일에만 집중할 수 있기 때문입니다.

명상에 대해 자주 사용되는 한 가지 비유는 호수입니다. 호수의 물결이 요동칠 때는 그 속에 무엇이 있는지 보기 어렵지만, 물이 고요할 때는 바닥까지 분명하게 볼 수 있습니다. 여러분의 마음도 마찬가지입니다. 다시 말해, 마음이 고요할 때 여러분은 내면의 평화를 볼 수 있고 경험할 수 있을 것입니다.

이 책에서 저는 일반적으로 '명상'이라고 일컫는, 그러한 정신적 명료함과 고요함의 상태를 여러분이 발견하는 데 도움이 되는 다양한 육체적·정신적 기법들을 살펴볼 것입니다. 명상은 명료함과 고요한 정신과 평화로운 마음의 상태를 말하는 것으로, 그렇게 되면 우리는 내면의 평화를 볼 수 있고 경험할 수 있습니다.

여러분이 삶에서 위대한 평화와 행복을 경험하시길 기도드립니다.

Swami Saradananda

스와미 사라다난다

주의

어떤 사람들은 명상을 통해 이전에 억눌렀던 생각들과 감정들을 자각하게 될 수도 있습니다. 괴로움이 느껴진다면, 선생님을 찾거나 전문적인 심리적 도움을 받는 것을 고려해 보십시오.

Chapter 1

평화로운 명상을 시작하기에 앞서

**"항상 마음이 동요하고 있는 자에게 참나에 대한 지식은 없다.
변덕스러운 마음을 가진 자에게 명상은 불가능하다.
명상 없이 평화는 있을 수 없다. 어떤 사람에게 평화가 없다면,
어떻게 행복이 있을 수 있겠는가?"**

—『바가바드 기타』 2.66

명상의 이로운 점

규칙적인 명상 수련은 매 순간이 고유하고 독특하다는 것을 더 잘 인식하게 해 준다. 과거에 대한 불필요한 갈망이나 미래에 대한 걱정 없이 현재에 더욱 충만하게 살 수 있다. 어떤 상황에서든 균형을 잡을 수 있고 뿌리내리듯 안정될 수 있는 능력이 향상된다. 내면의 깊은 고요에 접근하는 능력이 발달되고, 일상생활은 더욱 명료해진다. 명상은 마음의 본성과 그것을 다루는 법에 대한 통찰력을 높여 주고, 반응적인 행동에 빠지는 경향성을 줄이게 된다. 부정적인 행동의 습관적 패턴에 대해 더 자각할 수 있게 되고 그것을 바꿀 수 있는 수단들을 인지하게 되는 것이다. 더불어, 요가 수련을 하고 있다면 명상은 수련에 더욱 깊게 들어갈 수 있도록 도울 수도 있다. 그러나 이것은 단지 시작에 불과하다. 명상의 핵심적인 유익함들에 대해서는 앞으로 자세히 다룰 것이다.(16페이지 참조)

행복을 위한 수단 *vs* 행복 그 자체

명상 수련을 진전시키고 싶은지 묻는 것은 자신에게 "나는 행복해지기를 원하는가?"라고 묻는 것과 비슷하다. 아마도 대부분의 사람처럼 당신은 (골프를 치거나 초콜릿 케이크 한 조각을 먹는 것과 같이) 행복을 불러일으키는 것을 '행복 그 자체'라고 착각하는 오류를 범할 가능성이 크다. 그 결과, 자신의 행복을 보장해 줄 것이라고 마음속에 그리는 (재정적 안정과 같은) '상태'나 (이상적인 파트너와 같은) '사람'을 얻으려 노력하는 데 많은 시간을 쓸 것이다.

그렇지만 어떠한 외부의 조건이나 상황, 사람도 결코 영원한 기쁨을 보장하지는 못한다. 우리가 찾고 있는 행복은 사실 우리 내부에 있다. 단지 명상과 같이 마음을 집중하는 과정을 통해서 발견되기를 기다리고 있을 뿐이다.

행복했던 순간들을 되돌아본다면 그때가 당신의 마음이 집중되었을 때라는 사실을 알아차릴 수 있을 것이다. 예를 들면, 지난 골프 시합에서 기쁨의 경험을 주었던 것이 홀인원이었는가? 아니면, 그 순간에 이르기까지 당신이 기울였던 정신의 집중이었는가?

행복에 관한 은유

한 남성이 정원에 나와 있는 나이 든 이웃을 보았는데, 그녀는 몹시 당황해하며 뭔가를 찾고 있었다. 도와주려 하자 그녀는 집 안에서 안경을 떨어뜨렸다고 말했다. 그는 당혹스러워하며 "그런데 왜 바깥에서 그걸 찾고 있나요?"라고 물었다. 그녀는 "오, 집이 어두워서요. 그래서 여기 햇빛 아래에서 찾고 있어요."라고 대답했다.

우리는 행복에 대해서도 '아마도 바깥의 밝은 빛이 내가 찾고 있는 것을 발견하는 데 도움을 줄 거야.'라고 생각함으로써, 종종 이 여인이 저질렀던 것과 똑같은 실수를 범한다. 그러나 바깥에 있는 무언가가 자신을 행복하게 만들어 줄 것이라고 기대하는 한, 당신은 잘못된 장소에서 찾기를 계속할 것이고, 결코 영원한 행복을 발견하지 못할 것이다. 잠시 동안은 행복할 수 있겠지만, 그 느낌은 곧 약해지고 새로운 즐거움을 찾아나서게 될 것이다.

행복한 사람은 많은 것을 소유할 수도 있지만, 아무것도 소유하지 않을 수도 있다. 왜냐하면 행복이 외부의 조건들에 달려 있지 않기 때문이다. 그러나 아무리 많은 것들을 소유하더라도 내면의 평화 없이는 그 누구도 행복할 수 없다.

당신이 행복은 내면에 있다는 것, 그리고 그것이 내면의 평화를 경험하는 것임을 이해하게 되기를 바란다. 명상은 이 내면의 평화를 경험하게 되는 입구다.

당신은 명상 연습을 통해 삶이 진정 무엇인지, 무엇이 당신을 정말로 행복하

게 만드는지 알게 될 것이다. 명상은 단지 상황들이 달라지기를 바라기보다는 그 상황들을 바꾸기 위한 수단을 제공해 준다. '더 높은' 상태에 도달하기 전에, 이 단순한 기법들이 안정성과 힘, 그리고 명료함을 이끌어 낼 것이다.

그러므로 행복하고 중심 잡힌 삶을 살고자 한다면 명상을 배우는 일을 우선시해야 한다. 명상은 많은 층위에서 당신의 삶에 영향력을 끼치고, 육체적 · 심리적 · 감정적 · 지성적 · 영적으로 엄청난 변화들을 불러일으킨다. 명상은 그 자체로 당신의 비전과 인생을 바꿀 힘이 있다. 명상을 배우는 과정은 당신이 더 균형을 잘 잡고 열린 마음과 기뻐하는 태도로 삶을 경험할 역량을 계발하도록 도와준다.

꾸준한 명상 수행의 주요 이점

- 불안과 스트레스 감소
- 직관력과 공감 능력이 높아짐
- 사랑, 기쁨, 인내, 연민의 감정 증대
- 마음의 평정과 감정적 균형 향상
- 생각이 덜 흩어지기 때문에 집중력이 높아짐
- 직장과 집 모두에서의 효율성 증대
- 더 많은 에너지와 활력
- 수면의 필요량이 줄고 더욱 휴식을 잘 취한 느낌이 듦
- 외로움, 단절 및 고립감 감소
- 내면의 회복력과 정신적 유연성 향상
- 창의성이 고양됨
- 쉽게 방해받지 않는 내적인 깊은 평화감

이 책을 사용하는 법

이 책으로부터 얻을 수 있는 최대한의 이점을 얻으려면 먼저 명상에 대한 기본적인 내용을 설명하는 1장과 명상을 할 때 걸림돌이 되는 요소들을 극복하는 방법에 대해 논의하는 2장을 읽는 것이 좋다. 그런 다음, 각 장별 주제 속으로 깊이 들어가면 된다. 나머지 3~8장을 가능한 한 정기적으로 살펴보면 자신에게 가장 알맞은 명상 기법들을 발견하고 그것들을 자신의 삶에 포함시키기 시작할 수 있을 것이다.

3장은 명상을 위한 여러 가지 앉는 법을 살펴본다. 이때 매트, 담요 및 명상용 방석과 같은 몇 가지 도구들이 도움이 될 수 있다는 것을 알아 두라. 4장에서는 스트레칭들과 요가 동작들을 살펴볼 수 있다. 앉아 있는 명상 자세가 편안하게 느껴질 수 있도록 몸을 풀어 줄 것이다. 이어서 명상을 위한 마음을 준비하기 위해 5장의 호흡 수련으로 실험해 보라. 그리고 마지막으로 6~8장의 식습관과 마음가짐, 생활 방식 등을 자세히 알아보면 수련에 대한 추가적인 도움과 영감을 얻을 수 있다.

이 책에서 제공하는 정보와 기법들은 과학자가 작업가설을 세울 때처럼 바라보는 것이 가장 좋다. 이론적으로 충분히 좋다고 해도, 그것이 자신의 몸과 마음이라는 실험실에서 증명될 필요가 있다는 뜻이다. 책을 앉아서 처음부터 끝까지 읽고 대부분을 잊어버리는 것보다는, 책을 읽어 나가며 정기적인 탐구와 지속적인 연습을 병행하는 것이 더 바람직하다고 생각한다. 이 책과 함께 자신에게 무엇이 가장 알맞은 방법인지 발견하기 위한 탐구를 순조롭게 이어 가길 바란다.

명상이 건강에 도움이 된다는 증거

많은 사람들이 나빠진 건강을 회복하려고 명상을 처음 찾게 된다. 실제로 명상은 육체적 · 정신적인 문제에 대처하기 위해서 사람들을 돕는 심신요법으로 사용된 유구한 역사를 가지고 있다.

그 자체가 보편적인 치유법은 아니지만, 명상은 고통을 경감하고 많은 증상들을 줄이는 데 도움을 줄 수 있다. 예를 들면 스트레스, 불면증, 불안, 우울증을 완화시켜 주고, 혈압, 콜레스테롤, 심장질환과 뇌졸중의 위험을 낮추는 데에도 도움이 될 수 있다.

인내심과 연민, 에너지와 스테미너, 집중력, 내적 회복력, 열린 마음과 창의성과 같은 명상의 다른 이점들도 대개 질병에 대처하는 것과 연관되어 있다. 그러므로 규칙적인 명상 수련은 전반적 삶의 질을 높여 주고 회복을 도울 수 있다.

연구들에서는 명상이 심박수, 호흡, 혈압과 같은 몸의 자율적 과정을 조절하는 부교감신경계(Parasympathetic Nervous System)에 긍정적인 영향을 미치는 것으로 나타났다. 이러한 결과 명상이 스트레스 감소, 혈액순환 개선, 소화력 증진으로 이어진다고 한다.

명상은 혈압을 낮추는 데 도움을 줄 뿐만 아니라, 스트레스에 의해 악화되는 질병을 앓고 있는 사람에게 특히 유용하다. 특히 관절염, 당뇨, 비만 또는 심장이나 호흡기 질환과 같은 만성질환에 걸리기 쉬운 상태라면, 과도한 스트레스를 제거하는 일은 면역계 강화를 위해 지극히 중요한 과제다.

이러한 질환을 앓는 사람들은 종종 자신이 무기력하고 통제할 수 없는 상태라고 느낄 수 있다. 하지만 명상은 자신의 상황을 더 고요하고 객관적으로 바라볼 수 있는 힘과 자신의 건강에 대해 더 크게 책임감을 가지도록 해 준다. 또한 명상은 자신의 생기(生氣) 에너지, 즉 프라나(Prāna)를 통제해서 필요한 곳에 그 에너지를 보낼 수 있도록 돕는다. 이것은 삶에 대한 통제력을 더 많이 느끼는 데 도움을 줄 뿐만 아니라, 건강한 세포 재생에 점점 더 유리한 상태들을 이끌어 낸다.

명상은 뇌에서 감정과 불안을 조절하는 데 중요한 역할을 하는 전전두엽피질, 오른쪽 전방섬엽, 오른쪽 해마의 활동을 증가시키는 경향이 있다. 이 영역들은 자극을 받으면 면역계의 효율적인 작용을 지원한다. 명상은 또한 중독, 과식 그리고 다른 불건강한 습관들로부터 회복하도록 하는 데 필요한 정신적인 절제력과 의지력을 키워 준다.

명상은 일반적으로 스트레스를 감소시켜 더 평온한 상태를 만들어 주고, 신체를 이완시키고, 마음을 가라앉힌다. 게다가 긍정적인 사고를 증진시키며, 정신적 명료성을 높이고, 판단하지 않고 있는 그대로 바라보는 능력을 향상시킨다. 따라서 명상은 자신의 건강 상태를 더 잘 이해하고 받아들일 수 있게 돕고, 그 상태를 더 효과적이고 연민을 가지고 다룰 수 있게 만들어 준다. 이러한 이유로 규칙적으로 명상을 하면, 자신의 질병뿐만 아니라 자아와 세상 전반에 대해서도 더 큰 수용력을 기를 수 있다.

불안과 만성 통증을 감소시키고 삶의 질을 향상시키기 위한 종합적 접근법의 일부분으로서 건강관리 전문가들이 명상을 권장하는 경우가 증가하고 있다. 연구에 따르면 명상을 하는 사람들은 긍정적인 사고와 낙관주의와 연관된 태도면에서 고무적인 변화를 자주 경험한다고 한다.

명상은 마음 상태와 밀접한 연관이 있기 때문에, 통증을 인식하는 데에도 도움을 준다. 연구에 따르면 명상하는 환자들은 통증을 조절하는 뇌 중추의 활동이 증가하고, 통증에 더 무관심해지는 것으로 보고되었다.

또한 최근의 연구 결과들은 명상이 혈압을 조절하기 위한 보조적·보완적 치료법으로 사용될 수 있음을 뒷받침한다. 명상이 심장의 작용, 혈관의 긴장, 투쟁-도피 반응(스트레스가 많거나 위험한 상황에 있을 때, 일어나는 신체의 방어 반응)을 관장하는 신경 신호들을 이완시키기 때문이다. 규칙적인 명상을 통해 명상을 하는 동안뿐 아니라, 시간이 지나면서 장기적으로도 혈압이 낮아질 수 있다.

명상들이 일반적인 갱년기 증상들을 줄이는 데 도움이 된다는 연구도 있다. 안면 홍조, 수면 및 기분 장애, 근육과 관절 통증의 빈도와 강도를 감소시킨다고 한다. 또한 명상이 과민성대장증후군(IBS), 외상후스트레스장애(PTSD), 섬유근통과 같은 스트레스 관련 질병들의 증상을 개선시켜 준다는 연구도 있다. 명상을 하는 동안 주의를 집중함으로써, 마음을 어지럽히고 스트레스를 유발하는 혼란스럽고 뒤죽박죽된 생각들의 흐름을 제거한다는 점을 고려해 보면, 이는 타당해 보인다.

명상은 주의력과 사고의 명료함을 향상시키는 데에도 도움이 된다. 이는 명상이 치매 환자의 기억력을 부분적으로 개선할 뿐만 아니라 노화와 관련한 기억력 감퇴를 극복하기 위한 유용한 수단으로도 기능할 수 있다는 것을 의미한다.

인구의 거의 절반 정도가 인생의 어느 시점에서 불면증을 겪는다. 이는 일반적으로 하루를 마무리할 때 마음을 진정시키기 어려워하는 것과 관련이 있다. 연구들은 명상하는 사람이 하지 않는 사람에 비해 더 빨리 잠들고 더 상쾌하게 깨는 경향이 있다는 사실을 보여 준다.(25페이지 참조)

최근 명상이 실제로 어떻게 작용하는지 이해하는 데 도움을 주는 연구가 점점 더 많아지고 있다. 이러한 연구들에서 발견되는 한 가지 흥미로운 사실은 명상이 몸과 마음에 숙면보다 더 깊은 휴식을 제공해 준다는 것이다. 명상의 효과는 시간이 지나면서 누적되어 장기적으로 스트레스를 감소시킨다. 사람들이 병원을 가게 되는 원인의 60% 이상이 스트레스와 관련되어 있다는 점을 고려하면, 명상의 장기적인 이점을 쉽게 짐작할 수 있다.

앞서 살펴본 바와 같이 명상은 건강에 유익한 영향을 많이 미친다. 명상이 건강한 삶을 영위하는 데 도움이 되는 중요한 요소임은 분명하지만, 그렇다고 의학적 치료를 대체하지는 못한다는 점에 유의하길 바란다. 앞서 언급했던 또는 다른 건강상의 문제를 완화하는 데 명상을 사용할 계획이라면, 먼저 전문가와 상담하길 권한다.

주의

어떤 경우에는 명상이 우울증이나 정신적 문제들과 연관된 증상들을 악화시킬 수도 있다. 그럴 때에는 반드시 의료 전문가와 상담해야만 한다.

삶을 바라보는 더 긍정적인 관점

때로 사람들은 명상이 가져오는 고요한 만족감을 원하지 않는다고 말하기도 한다. 이러한 평온한 마음이 자신의 '예민함'을 무디게 할까 봐 두려워하기 때문이다. 불만을 느끼지 못한다면, 삶에서 계속 앞으로 나아가기 위한 충분한 동력을 얻지 못할 것이라고 걱정하는 것이다.

하지만 명상은 번영이나 꿈을 좇는 일과 상반되지 않는다. 오히려 내면의 평화를 유지하며 일할 수 있게 해 주기 때문에 원하는 성과를 더 효과적으로 얻을 수 있다. 유용한 비유를 들자면, 스트레칭되고 이완된 근육이 스트레스로 꽉 뭉친 근육보다 더 움직이기 쉬운 것과 같다.

삶에서 발전을 이루는 데에는 끊임없는 긴장과 불안보다는 평화로운 마음 상태가 바람직할 것이다. 일상생활에서 차분하고 유쾌하며 이기적이지 않다면 난관은 줄어들 것이고, 반대로 스트레스를 받고 부정적이며 비판적이라면 난관은 늘어날 것이다.

이러한 긍정적인 마음을 요가에서는 칫타-프라사다나(Citta-Prasadana)로 부르는데, 이 산스크리트는 '마음을 가라앉히다.'라는 의미를 가지고 있다. 세상에 대한 이러한 긍정적인 사고방식은 또한 브라마-비하라(Brahma-Vihara), 즉 '숭고한 태도'로도 알려져 있다. 이것은 마음을 중시하는 불교의 가르침에 뿌리를 두고 있다.

'네 가지 덕목' 또는 '사무량심(四無量心)'으로 알려진 네 가지 숭고한 태도는 다음과 같다. 이러한 태도를 명상 수행에 도입하면 명상 수행이 진전될 것이고, 또한 이 태도들도 규칙적인 명상 수행에 의해 더욱 강화될 것이다.

- **마이트리/메타**(Maitrī/Metta): 자애, 선한 의지, 친교
- **카루나**(Karunā): 연민, 동정, 친절한 행위
- **무디타**(Muditā): 긍정성, 기쁨, 감사
- **우페크샤**(Upekṣhā): 평온, 평정, 고요

삶에 대한 이 네 가지 태도를 함양하기 위해서는 노력이 필요하다. 좋아하고 사랑하는 사람에 대해서는 자애, 연민, 기쁨을 느끼기 쉽지만, 싫어하는 사람에 대해서는 그렇기 어려울 수 있다. 마찬가지로 잘 모르는 사람에 대해 평정심을 유지하기는 쉽지만, 사랑하는 사람이 고통받고 있다면 무관심하게 되기가 어려울 것이다. 그렇지만 브라마-비하라들을 계발하고자 한다면, 자신을 포함해서 모든 사람에게 이러한 긍정적인 태도를 적용하는 것이 중요하다.

칫타-프라사다나, 네 가지 덕목

요가와 불교 철학에서 '네 가지 덕목'으로 알려진 긍정적인 자질들을 일상적 삶에 적용할 수 있다면, 큰 평화와 정신적 안정을 얻을 수 있을 것이다.

- **마이트리/메타**(자애의 태도)
  성공한 사람들을 포함하여 모든 사람에 대해 호의적인 태도를 갖는 것이다. 다른 사람들을 시기하지 않는다면 그들의 행복이 당신의 행복감까지 함께 고양시켜 줄 것이다.

- **카루나**(연민의 태도)
  고통이나 어려운 상황에 처한 사람을 돌보는 것과 연관되어 있다.

- **무디타**(기뻐하고 감사하는 태도)
  사람들의 선(善)함을 보고, 세상에 선한 일을 하는 사람들이 있다는 사실에 기뻐하며, 그들과 함께 있을 수 있는 기회를 가지게 되어 감사하는 것이다.

- **우페크샤**(평온한 태도)
  부정적인 사람이나 상황이 당신의 평정심을 어지럽히지 못하게 하고, 대신 그것들에 대해 건강한 무관심 또는 평정심을 기르는 것이다. 단, 이것은 불의에 대한 무관심을 의미하지 않는다.

기억하라. 고통받고 있는 사람들에게 동정심을 가지되, 부정적인 사람들에게는 감정적으로 무관심하고 초연해져야 한다. 그 차이를 이해하는 것이 중요하다.

"고요하게 되는 법을 배워라.
그러면 당신은 항상 행복할 것이다."

— 파라마한사 요가난다

명상으로 시간의 효율성 높이기

사람들이 명상을 하지 않는 이유 중 첫 번째로 꼽는 것은 대체로 '명상을 할 만한 시간이 없다.'는 점이다. 하지만 실제로 명상을 하는 관점에서 이 말은 잘못된 말이다. 규칙적으로 명상을 수련한다면 더 효과적으로 일을 잘할 수 있기 때문이다.

직장에서든 집에서든 명상이 당신의 생산성에 미치는 긍정적인 영향은 다양하다. 실제로 명상을 하다 보면 큰 관점에서 시간을 절약하고 있다는 사실을 알게 될 것이다.

집중력 향상

연구에 따르면 규칙적인 명상 수련을 하면 더 긴 시간 동안 업무들에 집중한 상태를 유지할 수 있다. 명상은 공상에 잠기기, 딴생각하기, 걱정하기와 같은 습관적 패턴에 기여하는 뇌의 작동 방식을 완전히 바꾸기 때문이다. 매일 짧은 시간 명상을 하더라도 집중력이 크게 향상된다.

효율성 증가

일단 규칙적으로 명상하는 습관을 기르면, 대부분 모든 당면한 과제에 대해 더 잘 집중할 수 있게 있게 되므로, 효율성이 급격하게 향상된다. 따라서 장기적으로 볼 때 명상은 많은 시간을 절약해 준다.

자기 인식과 자신감 향상

명상은 자각력을 높이고 자신에 대한 이해를 발달시키는 데 도움이 된다. 때로는 명상 수련을 시작하려 할 때 부정적인 생각들이 떠오를 수도 있다. 그러나 이러한 부정적인 생각들조차 거리를 두는 방식으로 그 생각들을 관찰할 수 있다는 점을 기억하자. 마치 영화를 보고 있는 것처럼 자신의 마음을 지켜봄으로써 '침묵의 목격자'가 되는 법을 배운다면 큰 도움이 될 것이다.

결과적으로 명상은 더 건설적인 방식으로 당신이 자신의 마음과 함께 일하게 해 줄 것이고, 가장 좋은 자신, 가장 자신감 있는 자신, 가장 효율적인 자신으로 성장하도록 도와줄 것이다.

수면의 질이 좋아진다

오늘날 많은 사람들이 지속적인 자극과 스트레스에 노출되어 있어 밤에 잠들기 어려워한다. 그러므로 매일 20~30분 동안 명상을 하여, 덜 뒤척이면서 더 평화롭고 깊게 잠들고 더 피로가 풀린 느낌으로 깨어날 수 있다면 행복하지 않을까? 이것은 알람을 더 이른 시간으로 설정해야 한다고 권하는 것이 아니다. 단지 규칙적으로 명상을 한다면 점차 덜 피곤하다고 느끼고, 따라서 평소에 더 활기차고 생산적이게 변한다는 사실을 발견하기 쉽다는 것이다.

언제, 어디서, 어떻게 명상을 수련하는가?

일상에서 명상에 적합한 시간과 장소를 정하고 마련하는 일은 명상 수련으로 나아가는 첫걸음이다. 이것은 당신이 해야 할 첫 번째 사소한 걸림돌이 될 수도 있다. 그러므로 어떻게 명상에 적합한 시간과 장소를 정할 수 있는지 살펴보자.

명상 시간 설정하기

명상을 시작해 보려고 결심한 사람들이 저지르는 가장 흔한 실수 중 하나는, 하루 중 '언젠가' 명상을 '시도할 것'이라고 말하는 것이다. 유감스럽게도, 바쁜 일상 안에서 명상할 시간을 내지 못할 가능성이 높기 때문이다. 그래서 나는 반드시 하고 싶어 하는 다른 일들을 할 때와 꼭 마찬가지로, 매일 명상하는 데 할애할 시간을 자신과 약속해 정하기를 권한다. 당신의 마음은 그 시간을 명상과 관련짓게 될 것이고, 꾸준한 수련으로 이를 발전시키는 데 도움이 될 것이다.

미루지 말라. 오늘 시작하라. 그리고 매일 수련하라. 자신에 대해 인내심을 가져라. 이렇게 일단 시작한다면, 아마도 명상에서 경험하는 기쁨이 토대가 되어 계속 수련을 이어 가고 싶어질 것이다.

명상을 하루도 놓치지 않으려 노력하라. 그러나 놓쳤다면 자책감에 사로잡히지 않도록 하라. 여행과 휴일, 그리고 집에 손님이 오는 일 등은 자주 겪게 되는 일반적인 방해 요인들이다. 그러니 하루나 며칠 놓쳤다면 그저 다시 시작하면 된다. 다행스럽게도 자신의 루틴을 새롭게 확립하는 것보다 회복하는 것이 훨씬 더 쉽다는 사실을 발견하게 될 것이다.

언제 명상을 하는 것이 가장 좋은가?

우리가 자연의 리듬과 온전하게 조화를 이루고 산다면, 명상을 위한 가장 효과적인 시간대는 지구의 대기가 평화로운 에너지로 가득 채워지는 일출과 일몰 때일 것이다. 그러나 대다수 현대인의 생활 방식에서 여명과 황혼에 수련하기 어려운 경우가 많다는 점을 고려해야 한다. 그렇다면, 처음 잠에서 깰 때와 잠자리에 들기 바로 직전이 가장 합리적인 명상 시간일 것이다.

갓 깨어났을 때 마음은 순수한 상태다. 하루 종일 벌어지게 될 일들에 아직 관련하지 않은 상태이기 때문이다. 또는 일과를 마친 저녁 이후에 조용히 내면과 조율된 시간을 찾기를 원할 수도 있다. 이러한 이유로, 마음을 더 고요하게 가라앉히기 위해서 하루의 걱정거리들을 제쳐 놓을 수 있는 시간을 선택할 수 있다. 잠들기 전에 명상 수련을 하는 것은 마음을 청소하고 스트레스를 제거하는 것과 같다. 그러므로 이때의 명상 수련은 더 빠르게 깊은 잠에 빠질 수 있게 돕고, 더 잘 쉴 수 있으며 더욱 활기찬 느낌으로 아침에 깨어나는 데 도움을 준다.

반면 해가 중천에 있을 때는 명상하지 않는 것이 좋다. 소화력이 가장 왕성한 때여서, 마음을 고요하게 만드는 일이 쉽지 않을 수 있기 때문이다.

교대 근무로 일한다면 명상하기에 가장 좋은 시간은 퇴근하여 집에 돌아온 때일 것이다. 또는 어린 자녀들이 있다면, 그들이 낮잠 자는 시간을 수련 시간으로 잡으면 좋다. 자녀들이 좀 더 큰 상태라면, 아이들을 등교시킨 후가 가장 좋을 것이다.

핵심은 일상적인 루틴을 살펴보며 방해받지 않고 앉아 있을 수 있는 가능성이 가장 높은 때를 파악하는 것이다. 자신이 아침형 인간인지 저녁형 인간인지 고려하는 것도 중요하다.

명상을 하기로 마음먹었다면, 적어도 두 시간 전에는 식사를 하지 않는 것이 좋다. 마찬가지로 이른 아침에 명상을 할 계획이라면 전날 저녁 식사를 가볍게 하는 것이 좋다.

얼마나 오래 명상을 해야 하나요?

현실적인 시간으로 시작하는 것이 가장 좋다. 지나친 목표를 세우고 공연히 좌절하는 일은 피해야 한다. 지속적인 수련을 확립하는 것이 목표이므로, 천천히 시작해서 점진적으로 발전하는 것이 훨씬 더 낫다.

앉아 있는 것에 익숙하지 않다면, 아마도 처음 시작하는 한 주 정도는 5~10분 정도 앉아 있을 수 있을 것이다. 그런 다음, 점차 시간을 늘려 간다. 대략 한 주에 1~2분 정도씩 늘려 가면 된다.

몸과 마음이 적절하게 가라앉아 안정을 찾으려면 최소 10분은 걸린다. 그러므로 5~10분 동안 앉아 있을 계획이라면, 사실상 명상을 한다기보다는 명상을 위한 준비, 곧 가만히 앉아서 평화로움을 찾기 시작하는 트레이닝을 하는 것으로 여기자. 그렇지만 드물게 긴 시간 동안 앉아 있는 것보다는 매일 몇 분씩이라도 꾸준히 앉는 것이 더 낫다.

일부 티베트 불교 전통에서는 최적의 명상 시간을 24분으로 정하고 있고, 많은 요가 전통에서는 최소 30분을 권한다. 많은 사람들이 규칙적인 명상을 통해 마음이 더욱 평화로워지고, 영적인 힘을 가지게 되어 삶의 어려움을 보다 잘 극복 하게 된다는 사실을 깨닫고 있다.

명상을 시작하기 전에 얼마나 앉아 있을 것인지 결정해 두는 것이 좋다. 정해 두지 않으면 마음은 변명거리에 대해 생각하기 시작할 것이다. 걸어야 하는 중요한 전화나 물을 줄 필요가 있는 식물들 또는 다른 많은 일들이 마구 떠오를 수도 있다.

그러므로 결심하라, 그리고 알람을 맞춰라. 시간을 정해 두면 '내가 충분히 앉아 있었나?'라고 의심할 여지가 없어진다.

명상 모임을 이끌 때면, 함께 명상에 참여한 사람들이 더 오랜 시간 앉아 있기를 바라게 되곤 한다. 그러나 이내 앉아 있었다는 이유만으로 사람들의 무릎에서 불편한 느낌이 들거나 엉덩이에 경련이 일어난다는 사실을 받아들여야 한다. 그래서 실제로는 20분 동안 앉아서 명상을 진행하다가 5~10분 걸은 다음, 다시 20분 동안 앉는 방식으로 시간을 나누어서 명상을 진행하곤 한다.

명상에 적합한 장소 찾기

명상을 계획할 때, 방해받지 않을 수 있는 장소를 선택하는 것은 매우 중요하다. 숙련된 명상가들은 어느 시간, 어느 장소에서나 명상에 빠져들 수 있을 것이다. 그러나 초보자들에게는 조용하고 고요한 장소가 규칙적인 수련을 확립하는 데 매우 유용하다고 할 수 있다.

마음은 특정한 장소와 특정한 활동들을 연관시키는 경향이 있다. 가령 배가 고프지 않을 때라도, 부엌으로 들어가 무의식적으로 냉장고를 여는 일은 드물지 않다. 부엌의 에너지가 식사와 관련되어 있기 때문이다. 이러한 마음의 습관을 염두에 두고서 명상과 연관 지을 수 있을 법한 장소를 선택하라.

방 하나를 명상실로 사용하든 방의 일부분을 사용하든, 명상하는 데 전념하거나 다른 연상들로부터 자유로울 수 있는 공간을 꾸준히 유지하는 것이 가장 좋다. 당신은 강력한 평화의 진동들을 더 잘 설정할 수 있게 되고, 그곳에 앉기만 하면 곧바로 안락과 고요를 느끼기 시작할 수 있을 것이다.

명상 공간을 물리적으로나 에너지적으로 깨끗하게 유지해야 한다는 점을 명심하라. 명상 공간을 처음 만들 때 긍정적인 에너지를 불러일으키고 평화의 의도를 설정하는 작은 봉헌 의례를 하는 것도 좋다. 어떤 사람들은 불빛 또는 향을 흔들고 만트라를 챈팅함으로써 에너지를 정화하기도 한다.

명상 공간에 들어갈 때마다, 현재의 순간에 온전히 존재할 수 있는 기회로 삼자. 그 공간을 평화의 오아시스로 경험할 수 있도록 특별하게 만들어야 한다. 아래 사항들을 확인해 보자.

명상에 적합한 장소

- 방의 온도는 쾌적한가?
- 방은 환기가 잘 되는가?
- 수련하기 적합하도록 조명은 어둡거나 완전히 꺼져 있는가?
- 바깥의 소음과 같이 마음을 산란하게 만드는 것들이 적어서 충분히 조용한가?

명상 테이블(제단) 마련하기

명상 테이블, 즉 제단을 두면 수행할 때 집중할 수 있는 지점이 되어 준다. 마음이 나태해질 때 긍정적인 에너지를 자극하는 데 도움이 될 것이다.

낮은 테이블을 깨끗한 천으로 덮고, 테이블 위에 쳐다봤을 때 마음이 고양되는 아이템들을 놓는다. 그러한 아이템들로는 다음과 같은 것들이 있다.

- 양초나 오일 램프
- 싱싱한 꽃
- 향로
- 신 또는 영적 스승과 같이 영감을 주는 이미지(어려운 시간을 겪고 있거나 긍정적인 에너지가 필요한 경우가 아니라면, 사랑하는 사람의 사진은 사용하지 않는 것이 좋다.)
- 옴(OM), 십자가, 별이나 특별한 돌과 같이 상징적인 의미가 있는 아이템

명상을 할 때 초나 램프를 켜면, 이제 마음을 집중하고 내면의 빛에 집중할 때라는 아주 좋은 암시를 마음에 보내는 것이다. 수련을 끝낼 때 그 불을 끔으로써 세션을 공식적으로 마칠 수 있다. 향을 사용한다면 백단향(Sandalwood)과 유향 모

두 마음을 고요하게 하고 집중시키는 효과가 있다. 인도 전통에서는 백단향을 태우고, 교회에서는 유향을 사용하는 경향이 있다.

명상할 때는 명상 테이블을 향하여 매트나 접은 담요를 깔고 앉는 것이 바람직하다. 가능하면 명상 매트는 오직 명상이나 다른 영적 수행을 위해서만 사용하는 것이 좋다. 부가적으로, 쿠션이나 요가 블록 또는 명상 벤치에 앉을 수도 있다.(65~67페이지 참조)

앉는 법에 대해서는 3장에서 자세하게 다루고 있다. 그룹 명상에 참여하는 경우 자신의 매트, 벤치 또는 쿠션을 가져가서 활용할 수 있다.(235페이지 참조)

수련에 도움이 되는 조언들

명상을 위한 좋은 리듬을 만들어 내면 그 리듬이 곧 몸에 깊게 밴 습관이 된다는 사실을 알게 될 것이다. 이러한 리듬을 형성하기 위한 몇 가지 팁이 있으니 살펴보자.

- **집중점을 선택하기**

  명상하는 동안 당신의 집중점은 따르고 있는 전통이나 스승에 따라 달라질 수 있다. 일반적으로는 호흡, 지정된 소리(만트라) 또는 심상화 기법에 초점을 맞춘다. 어느 기법을 선택하든지 간에 자주 바꾸기보다는 계속 유지해 가는 것이 좋다. 비유컨대, 우물을 파고 싶다면 장소를 정해서 파야 하는 것과 같다.

- **편안한 옷차림**

  느슨하고 편안한 옷을 입어라. 가급적 천연섬유로 만든 옷이 좋다. 청바지는 설령 헐렁하더라도 명상에 그다지 도움이 되지 않는 경향이 있다. 옷은 저마다의 진동을 보유하기 때문에 많은 사람이 명상을 위한 옷을 따로 가지고 있기를 선호한다. 어떤 사람들은 자신들의 에너지를 담고 외부의 방해로부터 자신들을 보호하는 도움을 주기 때문에 명상용 숄이나 담요로 어깨를 감싸거나 머리에 두르는 것을 좋아한다. 또한 어떤 사람들은 이러한 이유로 다리에 담요나 숄을 놓기도 한다.

- **긍정적인 틀을 형성하기**

  기도나 만트라와 같은 영감을 주는 몇몇 말로 수련을 시작하고 마치는 것이 좋다. 이러한 말들이 수련을 위한 긍정적인 틀을 만들어 내기 때문이다.

- **코로 호흡하기**

  명상하는 동안에는 입을 닫은 상태를 유지하고 코로 부드럽게 호흡하는 것이 가장 좋다. 가려움이나 긴장, 불편함과 같은 신체적 불쾌감이 발생한다면, 들이마신 숨을 그 부위로 보내도록 하라. 그리고 숨을 내쉴 때마다 그 불쾌감이 숨과 함께 조금씩 빠져나간다고 심상화하라.

- **얼굴의 긴장 풀기**

  얼굴 근육을 부드럽게 이완하라. 어떤 사람들은 입술을 가볍게 다물고, 치아가 서로 닿지 않게 유지하는 것이 얼굴 근육을 부드럽게 하는 데 도움이 된다고 말하기도 한다. 혀를 이완시켜서 바닥에 닿게 하여 입안에서 쉴 수 있게 하라.

• **수련을 천천히 마치기**

수련을 끝내기 위해서는, 머리를 약간 숙이고 눈을 몇 차례 깜빡거리면서 눈을 뜬다. 목과 어깨를 돌리고 다리를 흔들어 털고, 몸을 충분히 스트레칭한 후, 천천히 일어나는 것이 가장 좋다.

• **조급해하지 않기**

명상을 잘하고 있다는 증거나 징후들을 찾지 않는 것이 가장 좋다. 자신이 발전하고 있다는 주요한 표시는 일반적으로 삶이 더 고요하고 더 평화롭다고 느껴진다는 것이다. 곧바로 이러한 유익함들을 알아차리기 시작할 수도 있고, 또는 상당한 기간 동안 규칙적으로 수련한 후에야 비로소 그러한 유익함들을 알아차리기 시작할 수도 있다.

Chapter 2

명상을 방해하는 요소 들여다보기

"마음은 참으로 쉼 없고 격변하고 강하고 완고합니다.
바람을 통제하는 것만큼이나
마음을 통제하는 것이 어렵다고 생각합니다."

—『바가바드 기타』 6.34

"매일 20분 동안 명상하며 앉아 있으라.
너무 바쁘다면, 한 시간 동안 앉아 있으라."

—선(禪)의 금언

올바른 기대를 가지고 명상에 접근하기

마음은 끊임없는 자극을 좋아한다. 그러므로 조용하게 앉아 명상을 하며 있으려 할 때면 머릿속에 명상을 중단하려는 저항과 변명이 떠오를 것이다. 외부의 오락거리에 마음을 뺏길 수 없는 상태이기 때문이다. 이것들에 좌절하기보다는 긍정적으로 보는 것이 유용하다. 넘어서야 할 걸림돌이자 배워야 할 교훈이 있는 디딤돌이라고 생각해 보자.

그 저항감을 판단 없이 알아차리려고 노력하라. 다음은 가장 흔하게 경험하는 심리적 장애물들과 그것들을 극복하는 방법에 대한 제안들이다.

기대감을 놓아 버려라

당신은 명상을 하기만 하면 스트레스가 빠르게 줄어들고, 그래서 곧바로 평화롭거나 굉장히 행복감을 느끼게 될 것이라는 열정적인 생각과 기대를 갖고 있을 수도 있다. 그래서 막상 그 대신 노력이 필요하다는 사실을 알게 되면, 포기하고 싶은 마음이 생길 수도 있다. 그러므로 낙담하지 않으려 노력하라. 명상 수련은 기대 없이 지속하는 것이 가장 좋다. 비록 명상이 항상 쉬운 것은 아니지만, 장기적인 유익함들을 고려하면 노력할 만한 충분한 가치가 있다는 점을 이해하는 것이 중요하다.

초심자의 행운을 넘어서 가라

초심자들이 명상을 시작할 때 놀라운 경험이나, 심지어 여러 차례의 그러한 경험을 하는 일은 드물지 않다. 가장 흔한 경험들로는 아주 멋진 음악을 듣거나 번쩍이는 빛(특히 푸른빛)을 보거나 마치 자신이 떠 있는 것처럼 느끼거나 또는 그저 더없는 행복감을 느끼는 것이다.

종종 이러한 경험들은 매우 매혹적이어서 한번 경험한 사람들은 그 경험들을 재현하려 애쓰게 된다. 하지만 그 시도가 실패하면, 좌절하여 수련을 중단하는 계기가 되고 만다. 그러한 기대 혹은 집착을 넘어서야 한다. 꾸준히 나아가기 위해 규칙성과 인내심을 가지고서 수련에 임하는 것이 중요하다.

경험을 좇지 마라

사람들마다 명상에 대해 매우 상이한 경험들을 가지고 있다. 어떤 사람들은 초자연적 경험들로 묘사되는 경험을 하고, 또 다른 일부는 즐거운 것들을 보거나 듣기도 하고, 그다지 즐겁지 않은 것들을 보거나 듣기도 한다. 이 경험들은 흥미로운 경험일 수 있는데, 이것들의 유일한 유용성은 수련을 계속해 나가도록 당신을 고무하는 것이다. 그렇지만 '경험들'을 추구하지 않는 것이 가장 좋다. 심지어 명상을 하다가 어떠한 경험도 하지 못할지라도 낙담해서는 안 된다.

이 순간에 존재하라

과거에 대한 기억과 미래에 대한 공상은 쉽게 마음을 어지럽힐 수 있다. 명상하는 중에 이러한 것들이 떠오른다면, 그저 마음을 집중점으로 되돌리도록 한다. 다시 말해 호흡이든 만트라든 심상화이든 또 다른 기법들이든 그것들로 마음을 되돌려라.

흠잡기와 생각 되풀이하기를 피하라

명상하려 앉아 있을 때 다른 사람들의 단점 등을 되새기려 하지 마라. 또한 자기 비판에 사로잡히지 않도록 주의하라. 명상하는 동안 마음이 하루의 사건들을 재가공하고 있음을 발견하면, 그게 무엇이든 간에 다시 집중점으로 돌아와야 한다는 것을 상기하라.

화를 놓아 버려라

마음을 집중하려 할 때 화를 경험할 수 있다. 그때는 이러한 감정을 심상화로 내보낼 수 있다는 점을 기억하라. 화가 나게 되는 그 생각이 점점 커져서 '펑' 하고 터지는 거품인 것처럼 상상하라.

화와 성마름은 인내라는 상반된 태도로도 극복될 수 있다. 또한 규칙적인 명상이 화의 원인들을 제거하는 데 도움이 될 것이므로, 천천히 당신의 관점들도 바뀌어 갈 것이다.

죄책감을 놓아주어라

명상하는 동안 죄책감을 경험하는 일은 드물지 않다. 예를 들면, 가족 또는 직장을 떠나 있다거나, 앉아서 '아무것도 하지 않으며' 자신만을 위한 시간을 누리고 있다고 느낄 수 있다. 이런 마음이 들 때는 자책하기보다는 명상이 '아무것도 안 하는 것'이 아니라는 사실을 상기하라. 자신을 돌보는 일로부터 많은 유익함을 얻게 될 것이고, 그것들을 가족이나 직장동료들에게도 충분히 전할 수 있게 될 것이다.

또 다른 죄책감으로는 명상을 충분히 하지 않은 데 대해서도 그런 감정을 느낄 수도 있다. 그런 경우라면 수련 시간을 늘리려 하라. 부정적인 감정들을 일제히 놓아 버리도록 이끌어 줄 것이다.

두려워하지 마라

명상 중에 잠재의식에 잠복해 있던 숨겨진 두려움들이 올라올 수 있다. 이러한 두려움들은 다양한 형태로 나타날 수 있다. 예를 들면 죽음, 질병, 외로움, 비판 등에 대한 두려움이나 또는 심지어 그저 자신을 직면하는 것에 관한 두려움 같은 것으로도 나타날 수 있다. 모든 두려움은 명상의 길에 방해가 되므로 초연하게 그것들을 관찰하는 습관을 계발하라. 자신을 두려움에 사로잡히게 두는 대신, 그저 주의를 당신이 선택한 명상 집중점으로 돌린다면, 많은 두려움이 저절로 소멸할 것이다.

멈추지 않는 힘을 기르라

너무 많은 것을 급하게 하려고 애쓰다가, 어쩔 줄 모르게 될 정도로 압도되어 수련을 완전히 그만두고 마는 사람이 의외로 많다. 가장 중요한 점은 계속해서 나아가는 것이다. 요가의 개념 중에서 당장의 이익에 집착하지 않고 욕망을 떠난다는 뜻의 바이라기야(Vairagya)와 꾸준하고 규칙적인 지속적 수행을 뜻하는 아비야사(Abhyasa)라는 개념이 있다. 이를 받아들이려고 노력하라.

마음에 대한 은유

시장을 헤집고 다니면서 코를 홱 쳐들곤 했던 코끼리가 한 마리 있었다. 따분해서 진열대들을 바닥으로 쓰러뜨리고 물건들을 훔치곤 했다. 상점 주인들은 코끼리 사육사에게 불만을 제기했다. 그는 코끼리에게 벌을 주는 대신, 코끼리에게 특별한 임무 즉 해야 할 일을 주었다. 그는 코끼리에게 막대기를 들도록 훈련시켰다. 그렇게 함으로써 코끼리의 코를 바쁘게 만들었다.
명상하길 원하지만 마음이 마치 제멋대로 굴고 못된 짓을 하는 코끼리와 같다면, 마음에 꼭 붙잡고 있을 무언가, 전념할 어떤 집중점을 주라.

명상을 돕기 위한 일상적 행동들

• **잡담을 줄여라**

불필요한 대화를 많이 한다면 침착함을 잃고 에너지가 에너지를 바깥쪽으로 흘러 낭비될 수 있다. 마우나(Mauna)로 알려진 요가 수련 등 정기적으로 자발적인 침묵 시간을 가지면 마음을 고요하게 하고 단련하는 데 도움을 줄 수 있다.

• **정기적으로 '디지털 단식'을 하라**

매일 조금씩 전자 제품 없이 지내 보면 마음을 고요하게 하는 데 도움이 된다. 또는 일주일에 하루를 전자 제품 없는 날로 정할 수도 있다. 이에 대해서는 식습관과 라이프스타일에 대해 다루는 6장에서 자세히 살펴볼 것이다. (202페이지 참조)

• **우울증을 피하라**

여러 차례의 우울증을 겪으면 명상을 하고 싶어도 무기력하다거나 내키지 않는다고 느낄 수 있다. 그럴 때는 요가나 다른 운동을 해 보면 좋은데, 심지어 단지 힘차게 걷기만 해도 유용하다. 몸을 움직이면 마음을 가볍게 하고 명상이 가져다줄 수 있는 마음의 평온을 더 잘 받아들이도록 도움을 줄 수 있다.

• **의심을 극복하라**

명상이 어렵다고 생각하고 있거나, 또는 아직 명상에 대해 기대한 바를 얻지 못하고 있다면, 내가 왜 명상을 하고 있는지 의심이 들기 시작할 수도 있다. 그럴 때는 바로 포기하기보다는 명상이라는 주제에 대해 더 많이 읽고, 명상에 대해 관심이 있는 다른 사람들을 찾아보는 것도 좋을 수 있다. 이는 수련하려는 열정을 되살리는 데 도움이 된다.

육체적 불편함 극복하기

앉아서 명상을 진행할 때 마음뿐만 아니라 몸에서 느껴지는 불편감과 같은 신체적 방해 요소를 경험하는 일은 흔하다. 일부 방해 요인들은 요통, 관절염과 같이 육체적인 통증과 관련되어 있다. 다른 요인들은 장시간 등을 곧게 펴고 앉아 있음으로써 발생한다. 똑바로 앉으려고 노력하는 것 자체가 많은 사람에게 익숙하지 않은 자세이기 때문이다. 명상을 위해 고요히 앉아 있다 보면 경험하게 되는 육체적인 불편함이 이례적인 일이 아니라는 점을 아는 것이 중요하다.

나타날 수도 있는 통증과 고통뿐만 아니라, 종종 더 많은 미세한 육체적 방해 요인들이 당신의 주의를 집중점으로부터 분산시킬 수도 있다. 예를 들면, 명상하려 앉아 있을 때 코나 뺨이 어떻게 가렵기 시작하는지 알아차려 본 적이 있는가? 이에 대한 하나의 설명은, 마음은 관찰되는 것을 좋아하지 않으므로 가려움이나 따끔거림과 같은 방해 요인들을 만들어 낸다는 것이다. 이런 문제들에서도 그 방해 요인들을 어떻게 다루는지가 중요하다. 일부 명상 전통에서는 이러한 방해 요인들을 집중점으로 만듦으로써 오히려 수행에 유익하게 사용할 수 있다고 말하기도 한다.

4장에서는 명상을 준비하고 육체적인 방해 요인들을 극복하는 데 도움을 줄 구체적인 방법들, 곧 요가 자세와 스트레칭을 다룬다. 그러나 그 전에, 다양한 육체적인 방해 요인들이 단지 마음이 벌이는 '게임들'임을 알아차리게 되는 것이 명상을 방해하는 것들을 넘어가는 데 도움이 될 수도 있다. 명상을 할 때 경험하기 쉬운 육체적 방해 요인들을 살펴보자.

- **가려움이나 따끔거림**: 오랫동안 쌓여 있던 긴장들을 풀 때 가끔 몸의 일부에서 가려움이나 따끔거림을 경험할 수 있다. 4장과 5장에서 다루는 요가 자세와 호흡 수련법들은 그러한 방해 요인들을 경감시키는 데 도움이 될 수 있다. 따뜻한 물

에 목욕을 하는 것도 도움이 된다. 명상을 하기 전에 긴장을 풀어 준다면, 그러한 감각들이 줄어들어서 마침내 멈추게 된다는 사실을 발견할 수도 있다.

- **다리 저림**: 가장 중요한 점은 불편하다 해도 다리가 떨어져 나가거나 손상을 입지는 않을 것이므로 지나치게 걱정할 필요가 없다는 점이다. 앉아서 명상을 시작하기 직전에 다리를 풀어 주는 것이 도움이 될 수 있다.(89~91페이지 참조)

- **근육 경련**: 경련을 방지하기 위해서 명상 전에 산책을 해도 좋다. 음식으로 충분한 칼륨을 섭취하고, 칼륨-마그네슘-칼슘의 건강한 밸런스를 유지하고 있어야 한다. 바나나, 말린 살구, 말린 자두 및 다른 과일들을 더 많이 먹어야 한다는 점을 고려하라.

- **손발의 차가움**: 즉각적인 해결책은 관련된 신체 부위에 주의를 기울이고 길고 깊은 호흡을 몇 차례 하는 것이다. 들숨마다 몸의 해당 부위를 온기로 채우고, 날숨마다 차가움을 경감시키고 있다고 심상화하라. 이와 같이 10~15차례 호흡을 하거나 차가움을 더 이상 느끼지 않을 때까지 호흡을 지속하라. 장기적인 해결책은 명상을 시작하기 전에 정화 호흡을 적어도 3차례 반복하는 것이다.(173~175페이지 참조)

- **혼란스러운 느낌**: 명상을 하고 앉아 있을 때 가끔 몸이 빙빙 돌거나 또는 나선형의 움직임을 하고 있다고 느낄 수도 있다. 이런 감각은 눈을 감고 명상을 할 때 더 일반적으로 일어나는 경향이 있다. 이런 현상이 발생한다면 잠깐 눈을 떠서 자신의 위치를 확인한 다음, 눈을 감고서 명상 수련을 다시 시작하면 된다. 또한 명상을 하다가 공간적 경계가 왜곡되는 경험을 하거나 자신의 몸이 한쪽으로 기우는 것처럼 느낄 수도 있다. 이와 같은 경험을 한다 해도, 이러한 경험 역시 완전히 정상적인 것임을 아는 것이 중요하다. 그런 현상이 당신을 괴롭히게 두지 않도록 하라.

- **무릎 또는 다른 부위의 불편함**: 보통 육체적인 통증이나 불편함은 그 고통을 덜기 위한 여러 가지 전략을 비롯한 생각들을 만들어 낸다. 고통스러운 부위로 숨이 들어가게 하고, 날숨마다 약간씩 고통이 완화된다고 심상화하라. 이 방법이 효과가 없다면 다리를 쭉 뻗어 스트레칭하고 무릎을 마사지하는 것이 즉각적인 해결책이 될 수 있다. 자세를 편하게 하기 위해서 요가 도구들을 사용하는 것을 고려해 보아도 좋다.(65~67페이지 참조) 장기적인 해결책은 4장에 있는 요가 수련법들과 함께 병행하는 것이다.

저항 관찰하는 법 배우기

명상 중 방해 요인들이 나타날 때 중요한 점은 그것과 맞서 싸우지 않는 것이다. 싸우려 하면 오히려 마음에 더 큰 불안이 야기되기 때문이다. 방해 요인에 저항하는 일은 누군가 '코끼리에 대해 생각하지 마.'라고 언급하자마자 코끼리에 대해 떠올리는 일과 같다. 대신, 주의를 집중점으로 되돌리는 것이 좋다. 그전에 그저 먼저 연민과 판단하지 않는 마음으로 그 방해 요인을 관찰하라.

'잘하지 못했다.'고 자책하는 것은 의미가 없다. 육체적 감각에 대해 괴로워하지 말고 그 감각을 인정하라. 그러면 대체로 그것이 사라질 것이다. 그 감각이 계속해서 당신을 산란하게 한다면 집중점을 그 감각 자체로 바꾸려 해 보라. 그 감각에 완전히 주의를 기울이고, 그곳에 숨을 보내면서 내쉴 때마다 그것이 조금씩 몸에서 떠난다고 심상화하라. 이렇게 하면 그 감각이 사라져 갈 것이다.

그럼에도 불구하고 이러한 감각이 계속된다면, 예를 들어 코가 계속 가렵거나 심지어 발이 더 따끔거린다면, 자신이 그 감각에 반응할 수 있게 허락하라. 가려운 곳을 긁거나 앉은 자세를 바꿀 때 중요한 점은 온전한 자각으로 그것을 해야 한다는 것이다. 일단 육체적 방해 요인이 해결되고 나면 그다음 원래의 집중점으로 부드럽게 주의를 되돌려라.

요동치는 마음 가라앉히기

명상을 할 때 억압된 감정을 비롯해 많은 감정들이 떠오르는 경향이 있다고 느낄 수 있다. 일단 몸에서 그 감정을 느낄 수 있는 곳의 정확한 위치를 찾아냈다면, 신체적인 방해 요인들을 다룰 때와 거의 동일한 방식으로 이러한 감정들을 다룰 수 있다. 예를 들면 지루함, 좌절, 화와 같은 감정들을 가슴, 어깨, 목 등에서 느낀다고 해 보자. 일단 그 감정을 알게 되고 그것의 위치를 찾아냈다면, 그 감정이 있는 곳을 관찰하면서 그곳으로 숨을 들어가게 하고 날숨마다 그 감정을 약간씩 놓아준다고 심상화한다. 그다음, 그저 부드럽게 마음을 원래 집중점으로 되돌릴 수 있다.

다음은 명상을 할 때 경험하기 쉬운 가장 흔한 정신적 방해 요인들과 그 대처 방법에 대한 제안이다.

- **되풀이되는 생각**: 유감스럽게도 어떤 생각들은 마음속에서 지속적으로 반복되는 멜로디와 같다. 명상하는 동안 불현듯 마음에 그러한 생각들이 떠오를 때 경계하지 않는다면, 그 대상 그리고 그것들과 연관된 생각들을 계속 좇게 될 수 있다. 이런 식으로 곁길로 샜다는 것을 알아차리게 될 때마다, 그저 부드럽게 마음을 명상의 집중점으로 되돌려라.

- **갈망과 욕망**: 무의식적 마음에는 수많은 욕망이 들어 있어서 명상하려 앉아 있을 때 이것들이 의식의 표면으로 떠오르기 쉽다. 그 욕망들이 끊임없는 생각의 연쇄로 이어지므로 주의하지 않는다면 휘말릴 위험이 있다. 최상의 행동 방침은 적극적으로 욕망이나 갈망들을 '억누르려' 하지 않고, 그것들에 완전히 빠져들지도 않는 것이다. 그것들에 주목하지 않으려면 자신이 선택한 명상의 집중점에 고정된 마음을 유지하고, 설령 마음이 떠돈다 할지라도, 부드럽게 그 마음을 다시 이 집중점으로 가져오는 것이다.

- **끊임없는 산만함**: 외적인 방해 요인들이 없을 때, 마음은 더욱 '방황'하려 할 수 있다. 다른 것들에 대해 끊임없이 생각함으로써 자신을 즐겁게 하려는 시도를 증폭시킬 가능성이 높은 것이다. 마음이 옆길로 샌다는 사실을 알아차릴 때마다 그저 부드럽게 자신의 초점을 원래 집중점으로 되돌려라. 수련을 통해 마음이 덜 방황하게 되며, 결국 더 깊은 통찰을 얻게 될 것이다.

지루함

당신은 아마도 깨어 있는 시간 대부분을 '행위하는' 상태로 시간을 보내고 있을 것이다. 그러면 지속적인 자극 상태에 놓여 있어서 자신이 항상 바쁘다고 느끼기 쉽다. 반면 명상하는 동안에는 '존재하는' 상태에 있게 된다. 따라서 당신의 마음은 조용히 앉아서 한 가지에 집중하는 것을 지루하다고 여기거나 흥미를 잃을 수 있으며, 반대로 주의를 끌기 위해 저항하려고 할 수 있다.

그렇지만 '지루함'이라는 느낌도 가까이 있는 대상에 집중하기보다는 단지 그 대상을 대충 훑어볼 때 일어나는 마음의 장난이라는 사실을 깨닫는 것이 중요하다. 왜냐하면 진정으로 집중된 마음은 결코 지루하지 않기 때문이다. 따라서 명상하는 동안 지루함을 '정말' 경험한다면 자신에게 물어보라. 실제로 수련을 지루해하는가, 아니면 혹시 그 밖의 다른 무언가를 지루해하는가? 예를 들면, 직업에 지루함을 느끼고 있는가, 아니면 전반적으로 현재 삶의 패턴에 지루함을 느끼는가? 규칙적인 명상 수련을 하면 그러한 지루함을 완화하는 데 도움이 될 수 있다.

마음은 자신을 생각, 느낌, 감정과 동일시하는 경향이 있다. 그렇기 때문에, '지루해.'라고 생각하고 이러한 생각을 허용할수록, 더 긴 시간 이 느낌이 당신에게 붙어 다닐 것이다. 그러므로 그 느낌에 더 많은 연료를 주기보다는, 그저 그

느낌을 지켜보며 그것들로부터 떨어져 있으려 하는 것이 최선이다. 호흡에 집중하면서 '지루함 내쉬기'와 '호기심 들이쉬기'를 하면 도움이 될 수 있다. 그렇지만 일정 기간 뒤에 특정한 명상 기법이나 집중점이 효과가 없게 된다면 다른 기법을 시도해 보라. 단, 너무 자주 바꾸는 것은 좋지 않다.

명상 중 흐트러지는 마음을 긍정적으로 바라보기

- '주의가 산만해지는 것'에서 그 상태를 '알아차리는 것'으로 변화하는 일은 의식의 중요한 변화를 보여 준다. 그 순간 무의식적 행동에서 한 걸음 물러나 마음챙김 행위를 하는 것이기 때문이다.
- 주의 산만함을 학습의 경험으로 받아들인다면, 산만해지는 순간에 마음이 어떻게 작동하는지 객관적으로 관찰할 수 있게 된다. 이러한 관찰은 더 나아가 삶을 어떻게 살아야 하는지에 대한 유용한 통찰을 줄 수도 있을 것이다.

잠드는 것 방지하기

피로와 무기력은 명상을 방해하는 일반적이고 지속적인 장애물이다. 특히 명상을 하는 동안 깨어있는 것이 중요한데, 잠에 든다면 그것은 더 이상 명상이라고 할 수 없다.

명상과 이완을 혼동할 수 있다. 명상과 마음챙김 수련은 마음을 집중시켜서 점진적으로 더 한 곳에 집중되게 만든다. 반면 이완은 마음을 집중되지 않은 상태에 빠지도록 조장함으로써 명상과 반대가 된다. 그러므로 명상을 하는 동안 눕고 싶은 욕구를 느낀다면 충동에 굴복하지 말아야 한다. 쉽게 잠들 수 있기에 누워서 명상하는 것은 거의 불가능하다는 것을 기억하자.

명상하려 할 때 잠드는 경향이 있는 것은 집중하려는 노력에서 벗어나기 위해 마음이 벌이는 속임수다. 그러므로 명상하는 동안 졸음에 빠질 만한 가능성을 줄이는 것이 좋다. 한 가지 효과적인 방법은 매일 같은 시간에 정해 둔 시간 동안 그저 규칙적으로 수련하는 일을 지속하는 것이다.(26~27페이지 참조) 이러한 노력을 하다 보면, 마음이 이내 순응할 것이고 주의 집중력이 높아질 것이며 경각심이 깊어질 것이다.

아래는 수련을 하는 동안 졸음을 피하기 위해 당신이 할 수 있는 방법들이다.

수면 패턴을 파악하기

몇 시에 잠자리에 들고, 몇 시에 일어나는지 생각해 보라. 충분한 수면을 취하고 있는지, 수면의 질은 어떠한지, 잠을 자는 자세는 어떤지도 중요하다. 깨어날 때 피로가 풀렸다고 느끼는가, 아니면 밤늦게까지 잠이 안 와서 몸을 뒤척이다가 지쳤다고 느끼며 깨어나는가? 이는 아마도 몸이 당신에게 더 많은 휴식이 필요하다고 말하고 있는 신호일 수도 있다.

식습관을 관찰하라

섭취하는 음식의 양과 질, 그리고 이것들이 명상에 미치는 영향을 관찰하다 보면 흥미로운 사실을 알게 될 것이다. 밀가루나 그 밖의 탄수화물이 많은 음식들은 몸이 무겁고 더부룩하며 졸린다고 느끼게 할 수 있다. 반면 생으로 먹거나 살짝 익힌 야채나 과일은 더 빠르게 소화되어 에너지 소모 없이 영양분을 준다. 식후에 수련하면 나른함과 졸음이 촉진되므로, 식사와 명상 사이에 적어도 2시간의 차이를 반드시 두어라.

수련 시간대를 고려하라

하루 중 언제 명상을 하려고 하는가? 명상을 할 때 계속해서 잠든다면 아마도 그 시간은 당신에게 적합하지 않은 시간일 것이다. 예를 들면, 긴 하루의 일을 마친 후에 명상하려는 대신, 덜 피곤할 때 수련하는 것이 더 나을 것이다. 자신에게 가장 알맞은 시간대를 찾기가 중요하다.

- **당신은 아침형 인간인가?** - 그렇다면 아침에 일어났을 때의 평화로운 마음 상태를 이용해 보라. 메시지를 체크하거나 잡다한 일에 관여하게 되거나 또는 새로운 문제들에 대해 생각하기 전에, 그저 이를 닦고 세수를 한 후에 명상하기 위해 앉아라. 무언가를 먹거나 커피를 마시기 전에 수련하는 것이 가장 좋다.

- **아니면 저녁형 인간인가?** - 늦게까지 깨어 있고 일찍 일어나기 어려워하는 경향이 있다면, 아마도 새벽에 일어나 명상을 하려다가는 다시 잠들게 될 수도 있다. 그렇다면 밤에 수련하도록 일정을 잡는 것이 더 낫다. 잠자리에 들기 직전에 명상을 하면, 낮 동안 쌓인 부정적인 에너지들을 놓아 버리는 데 도움이 된다. 많은 사람들이 잠들기 전에 하는 명상으로 잠을 더 잘 자고 더 상쾌한 느낌으로 깨어날 수 있다는 사실을 발견한다.

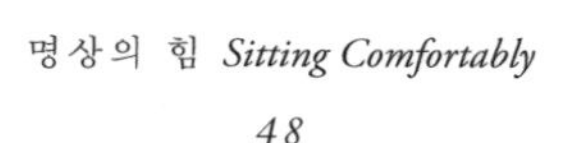

자세를 점검하라

명상하는 중에 자신의 자세를 돌아보라. 머리를 앞으로 숙이거나 가슴을 움츠린 채 앉아 있는 자신을 발견한다면, 앉는 자세를 다양하게 바꾸어 보라.(자세한 앉기 자세에 대해서는 3장 참조) 척추를 곧게 유지하기 위해 엉덩이 아래에 여분의 쿠션을 추가해 볼 수도 있다. 아니면 4장에서 권하는 요가 동작들을 수련하는 습관을 들여 보라.

어딘가에 기대고 앉거나 푹신한 소파나 침대에 앉는 것이 종종 마음에 끼치는 영향을 떠올려 보라. 그것들이 마음에 이완하거나 휴식하거나 잠들 때라는 암시를 보내는 것처럼, 어디에 앉아 있는지에 대해 생각하는 것은 중요한 가치가 있다. 대체로 명상할 때는 명상 전용 공간 안에 있는 매트에 앉는 것이 더 낫다. 그리고 일반적으로 누워서 명상하겠다는 생각은 좋지 않다는 사실을 기억하라.

최적의 에너지를 위해 수련하라

명상하기에 앞서 스트레칭, 요가 자세, 호흡법 또는 간단한 빠른 걸음과 같은 신체 활동을 한다면, 이는 당신에게 명상을 위한 활력을 불어넣는 데 도움이 될 수 있다. 또는 시간이 있다면 정화 호흡(173~175페이지 참조) 또는 교호 호흡(176~180페이지 참조)을 할 수도 있다.

얼굴을 씻어라

어떤 사람들은 명상을 하기 전에 찬물 샤워나 목욕하기를 선호한다. 그러나 일반적으로는, 최소한 손과 얼굴을 씻는 것이 좋다. 또는 얼굴을 씻는 대신, 싱크대나 커다란 그릇에 찬물을 채우고서, 필요한 경우 머리를 뒤로 묶은 다음, 10~15초간 숨을 깊이 들이쉬고서 얼굴을 물에 담금으로써 활기를 되찾을 수 있을 것이다. 이때 눈을 감거나 깜빡이는 것은 당신의 선택에 달렸다. 명상하려 앉기 전에 반드시 적절하게 머리를 말려라.

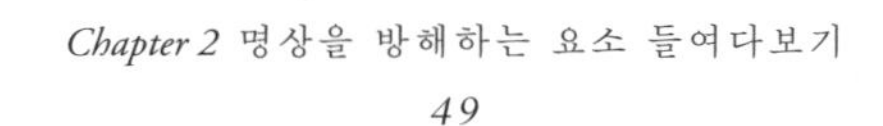

온도와 환기를 점검하라

방의 온도는 몸의 깨어 있는 상태에 영향을 줄 수 있다. 만일 자꾸 졸음이 쏟아진다면 몸이 신선한 공기를 좀 더 필요로 한다는 신호일 수 있다. 너무 덥지는 않은지, 환풍이 잘 되는지 등 수련하고 있는 방의 환경을 확인하라. 어쩌면 방이 너무 차갑게 유지될지도 모른다. 춥다면 숄을 몸에 둘러라. 에너지가 흩어져 사라지는 것을 막는 데 도움이 될 것이다.

마지막으로 너무 많은 걱정은 피하려 하라. 진심 어린 노력을 하고 있다면 결국에 일들은 해결될 것이다. 수련을 진전시키려 하고 있을 때 많은 사람이 유사한 문제들을 가지고 있다는 사실을 기억하라.

우유의 대양 휘젓기
명상에 대한 은유

인도의 신화에는 데바(Deva, 빛의 존재)와 아수라(Asura, 어둠의 존재) 간의 끊임없는 전투에 대한 다양한 이야기가 있다. 이것은 고귀한 본성들과 낮은 본성들 사이의 지속적인 갈등을 상징한다고 할 수 있다.
이 중 하나는 '우유의 대양 휘젓기'라고 불리는 이야기인데, 여기서 '우유의 대양'은 명상 수련 중에 '휘저어지는' 마음을 나타낸다. 명상함으로써 자신이 즉시 불멸의 감로를 받게 될 것이라고 생각할 수도 있지만, 놀랍게도 그 이야기에서처럼 명상으로 처음 얻게 되는 것은 독(毒)이다.
먼저 화, 탐욕, 질투 그리고 다른 부정적인 감정들이라는 마음의 독들을 깨끗이 씻어야만 한다. 이 감정들은 마음을 우둔하고 활기 없는 상태와 산란하고 들뜬 상태 사이에서 계속 오가도록 하는 것들이다. 오직 '휘젓는' 과정을 통해서 마음을 정화하고 집중시킨 이후에만 내면의 평화라는 '감로'를 마실 준비가 될 것이다.

장애물들을 극복하기 위한 동기 부여

명상 수련 과정에서 겪기 쉬운 어려움들을 살펴보았는데, 지금 기분이 어떠한가? 아마도 논의된 많은 것들을 시도해 왔다고, 처음에는 열심히 하지만 얼마 후에 게을러지거나 부주의하게 되는 경향이 있다고, 또는 계속해서 수련을 미루어 오고 있었다는 것을 안다고 느끼지 않는가? 이 말이 익숙하다면, 어떻게 자신에게 다시 동기 부여를 할 수 있을지 숙고해 볼 필요가 있다. 도움이 되는 몇 가지 제안을 하고자 한다.

먼저, 시간을 들여 일상생활에서 드러나는 자신의 '패턴'을 주의 깊게 관찰해 보면 유용하다. 어쩌면 당신은 과제들을 시작하지만 잘 끝내지 못하거나 빈번하게 미루는 경향이 있을지도 모른다. 긍정적인 습관을 유지하는 일은 노력과 결심을 수반한다는 점을 기억하라. 그리고 꾸물거림은, 당신이 그것을 자각하고 있든 그렇지 않든, 흔히 두려움에서 기인한다는 점을 일찍 깨닫는 것이 좋다. 어쩌면 명상하려 앉는 것에 대한 근원적인 불안감을 가지고 있고, 잠재의식 영역에서 마음이 회피 모드로 전환됨으로써 불안을 줄이려 하고 있기 때문에 꾸물거리는 것일지도 모른다.

그러므로 다음에 명상 수련을 미루려 할 때, 그것을 알아차려라. 그리고 거기에 자신이 두려워하는 더 깊은 무언가가 있을 가능성이 있는지, 그리고 이 두려움들을 어떻게 피해 가는 것이 가장 좋을지 자신에게 물어보라.

동기를 다시 부여하는 가장 좋은 방법은 명상 수련으로부터 얻게 되는 많은 다양한 유익함을, 그리고 수련을 진전시키려는 원래의 동기를 스스로 떠올리는 것이다.

명상하고 싶다는 '느낌이 들 때까지' 기다리지 말라. 규칙적으로 특정한 시간에 앉기로 한, 미리 정해 두었던 명상 스케줄을 반드시 엄수하라. 샤워를 하거나 양치질을 하는 것과 같은 태도로 명상에 접근하는 것이 좋다. 샤워나 양치질을 하면 얼마나 많이 상쾌해지고 기분이 좋아지는지 알기 때문에, 우리는 매일 정해진 시간에 그 일을 한다.

명상을 위한 공간을 준비하고 이따금 그 장소에 생기를 불어넣는 것이 좋다.(29~31페이지 참조) 예를 들어 싱싱한 꽃이나 그 밖의 다른 소품들이 당신을 수련하도록 북돋우고 다시 고무해 줄 수 있다.

상황이 나아지기 직전에 오히려 더 나빠지는 것처럼 보일 수 있다는 점을 기억하라. 이러한 관점은 조기에 수련을 포기하지 않게 도와준다. 또한 문제가 해결되기 전 부정적인 요소들이 표면화되는 과정으로 상황을 바라보는 데 도움이 될 수 있다. 예를 들어 명상하려 할 때 처음에 평화로움을 느끼는 대신, 억눌려오고 있는 부정적인 감정들이 드러나 그저 좌절감이나 화를 느낄 수 있다. 이는 그것들을 놓아 버릴 수 있는 기회다. 정기적인 청소로 더러움이 제거되는 것과 꼭 마찬가지로, 그러한 부정적인 감정들도 규칙적인 수련으로 진정될 것이라는 사실을 믿어라.

모임에 가입하거나 혹은 상가(Sangha)와 같은 명상 커뮤니티에 참여해 수련에 대한 폭넓은 지원을 구하는 일 또한 매우 유용할 수 있다. 함께 명상하는 사람들에게는 거대한 힘이 있다. "모임으로 만들어진 에너지는 그 부분들의 합보다 크다."는 진부한 표현은 진실인 것 같다. 모임을 찾을 수 없다면 아마도 당신과 친구가 서로서로를 고무하는 방식을 활용할 수도 있다.

자신의 수련을 기록하기 위해 수련 일지를 쓰는 것이 유용할 수 있다.(227~229페이지 참조) 그리고 언제든 경험할 수 있는 마음의 상태들을 이해하는 것 또한 유용하다. 요가에서 말하는 다섯 가지 마음은 다음과 같다.

- **무다(Mudha)**: '무기력한, 둔한, 어두운'을 뜻한다. 이 상태의 마음은 고통을 보거나 초래하는 경향이 있어서, 적절하게 생각하거나 판단하기 어렵다. 건망증적 증상을 보이며 일반적으로 행복을 부정한다.

- **크쉬프타(Kshipta)**: '들떠 있는, 집중되지 않은, 산만한'을 뜻한다. 이 상태에서 마음은 당신에게 즐거움을 줄 것이라고 인식한 것을 좇고 있고, 욕망에 따라 행동하며 언제나 결과에 대해 관심을 갖지 않는다. 그러므로 제정신이 아니라거나 지속적으로 동요하고 있다고 느낄 가능성이 높다.

- **비크쉬프타(Vikshipta)**: '중심을 두는, 때때로 집중된'을 뜻한다. 이 상태에서 마음은 흩어진 생각들을 모으기 시작해서, 그 결과 정신적 집중과 동요 사이의 중간에 있게 된다. 마음은 산란한 상태에서 평화로운 상태로 움직여 가고 있다.

- **에카그라타(Ekagrata)**: '집중된, 하나를 향하게 된, 고요한'을 뜻한다. 이 상태에서 마음이 집중되고 정신이 완전히 명료하다고 느낀다.

- **니룻다(Niruddha)**: '절대적 평화'를 뜻한다. 이 상태의 마음이 지속될 수 있다면 계속되는 기쁨과 행복을 경험한다.

흔히 명상 초심자들의 마음은 둔함(무다)과 산만함(크쉬프타) 사이를 계속 오간다. 하지만 수련으로 그러한 마음이 점차 집중(에카그라타)과 평화(니룻다)를 향해 움직여 간다는 사실을 알면 걱정이 없어질 것이다.

Chapter 3

올바른 정렬과 다양한 명상 자세

**"명상을 위한 요가 자세는
안정적이고 편안해야 한다."**

— 파탄잘리 『요가 수트라』, 2.46

**"바르고 고요히 앉는 법은
명상을 수련하는 동안
육체적, 정신적 조화를 성취하는 데 필수적이다."**

—B.K.S. 아헹가(Iyengar), 『요가 호흡 디피카』(Light on Pranayama)

바르게 앉는 기술

전통적인 명상 자세들은 몸 안에 있는 에너지의 자연스러운 흐름을 최대한 활용한다. 책상다리를 하고 앉든, 무릎을 꿇고 앉든, 의자에 앉든지 간에 모두 동일하다. 이렇게 앉으려면 척추를 곧게 펴고 바닥과 수직이 되게 앉아야 하는데, 그럼으로써 당신은 지구의 자연 에너지들과 연결되고 온전하게 호흡할 수 있는 능력을 갖게 된다.

'잘 정렬된 몸'은 곧추선 자세를 유지하기 위한 최소한의 노력만을 필요로 하고 쉽게 균형 잡을 수 있다. 이 자세에서는 몸의 미세 에너지, 즉 프라나(Prāna)로 알려진 생기(生氣)가 방해 없이 흐른다.

반대로 몸이 올바르게 정렬되지 않으면 중력의 끌어당김에 대항하기 위해 근육을 긴장시킬 필요가 있다. 그러한 노력은 몸을 정렬에서 더 어긋나게 하는 경향이 있어서, 마음을 집중하고 편안하게 유지하기 어렵게 만든다. 더 극단적인 경우는 몸을 곧추세우고 바른 자세를 유지하려는 노력이 실제로 무감각, 불편함 또는 통증을 경험하게 만들기도 한다.

이상적인 명상 자세에서는 바닥이나 의자와 접촉하고 있는 몸의 부분들이 고르게 균형 잡혀야 하는데, 이때 엉덩이는 무릎보다 약간 높아야 한다. 엉덩이보다 무릎이 높으면 척추의 아랫부위가 뒤로 기울 것이고 등이 활 모양으로 굽어지기 시작할 것이다. 이는 가슴을 무너지게 하여 횡격막과 흉곽의 움직임을 방해해서 온전하게 숨쉬기 어렵게 만든다. 온전하게 깊은 호흡을 하지 못하게 되면, 더 쉽게 잠들 수 있을 뿐만 아니라, 불안·스트레스·지루함·폐쇄공포증 등을 느낄 수도 있다. 무릎을 엉덩이보다 확실히 낮춘다면 골반이 약간 앞으로 기울어지는데, 이때 체중은 직접적으로 좌골 위에 실리게 된다.

좌골이 어디에 있는지 확신할 수 없다면 바닥이나 의자에 앉아 엉덩이 아래에 손을 넣어서 양쪽의 뼈를 느껴 보라. 일단 좌골의 위치를 찾아내면, 정확하고 똑바르게 앉을 때까지 앞으로 두 팔을 곧게 뻗고 체중을 앞쪽으로 옮긴 다음, 다시 이 좌골로 옮기려 해보라. 이렇게 하기 어렵다고 느끼거나 꼬리뼈가 아래로 말리거나 뒤로 굽어지는 경향이 있다면, 4장, 특히 보조도구를 사용한 다리 자세(Assisted Bridge)를 수련해 볼 수 있다.(141페이지 참조)

최적의 신체 정렬

- 척추가 자연스러운 커브를 유지하면서 곧게 서 있다.
- 어깨는 엉덩이와 수직으로 일직선 위에 있다.
- 무릎은 엉덩이 높이보다 약간 아래에 있다.
- 귀는 어깨와 일직선상에 있다.
- 흉골은 들어 올려지고, 늑골은 자유롭게 확장된다.
- 정수리는 하늘을 향해 들어 올려지고, 이때 턱은 바닥과 평행하다.

가느다란 실이 머리를 위로 당기고 있고, 흉골의 위쪽에도 다른 실이 있어 가슴을 똑바로 세워진 상태로 계속 유지시켜 준다고 심상화하라.

앉아서 뿌리내리기

뿌리내리기는 치유력이 가득한 대지 에너지와 당신이 다시 연결되게 도와준다. 몸에서 온전함을 느끼며 살 수 있는 능력을 향상시키고, 최적의 건강을 되찾아 준다. 다음의 뿌리내리기 심상화는 언제든 사용될 수 있지만, 특히 명상을 위해 앉기 전에 마음과 몸 모두를 준비하는 데 효과적이다.

1. 명상 자세로 앉아라.(59~69페이지 참조) 눈을 감고 몇 분을 보내면서 안정적이고 견고한 대지의 특성을 잘 알아차려 본다. 자신이 바닥에 굳게 뿌리를 내리게 되었다고 상상하라. 중력의 당김과 그것이 당신의 몸에 미치는 영향에 특히 주의를 기울여라.
2. 바닥(또는 의자)과 접촉하고 있는 몸의 각 부위, 즉 엉덩이, 다리, 발에 의식을 두어라.
3. 몸의 이 부위들에 숨을 보내면서 뿌리를 깊게 대지에 내리는 자신을 상상하라.(이를 통해 당신은 안정될 수 있고 대지에 의해 양육될 수 있으며 또한 독소들을 배출할 수 있을 것이다.) 그렇지 않으면 자신이 몸의 이 부위들로부터 대지 속으로 닻들을 떨어뜨린다고 상상하라.
4. 잠시 후에, 평온하고 고요한 느낌이 되는 기분 좋은 무거움을 경험하기 시작할 것이다.
5. 들숨마다, 마치 대지로부터 힘을 끌어올리고 있는 것처럼 느껴라.
6. 날숨마다, 더 이상 필요 없는 것들, 즉 독소들과 부정적 감정들을 내보내라. 더 이상 필요 없는 오래된 관계들이나 생각들을 놓아 버리고 있는 자신을 보라.

다양한 명상 자세

나에게 적합한 앉는 법 선택하기

명상에 적합한 이상적인 자세는 바닥이나 의자에 안정적이고 똑바르며 편안하게 앉는 것이다. 마음의 고요함을 높이기 위해서 몸을 계속 안정적인 상태로 유지하려 노력하는 것이 중요하다.

이 장에서는 전통적으로 사용되는 다양한 명상 자세, 좌법들에 대해 안내할 것이다. 어떻게 앉는 것이 자신에게 가장 적합하고 편안한지 직접 시도하고 알아보라.

어떤 좌법이든 간에 당신에게 알맞은 자세를 찾았다면, 그 자세를 취할 때 반드시 몸을 최적의 정렬 상태에 두어라.(57페이지 참조)

의자에 앉는 것이 익숙한 사람이라면 명상을 하기 위해 바닥에 앉는 데 익숙해질 필요가 있다. 그렇다면 TV를 보는 동안 바닥에 앉는 연습을 해 보는 것으로 시작하는 것이 좋다. 직접적인 명상 수련과는 동떨어져 있음에도 불구하고, 푹신한 소파에 파묻히듯 앉지 않고 딱딱한 표면에 앉는 데 몸이 더 익숙해지도록 도울 것이다.

기억하라

완전한 자세에서 긴장은 없어야 하고, 노력하고 애쓴다는 느낌이 없어야 한다.

편안좌

수카사나 *Sukhasana*

재단사좌(Tailor Pose) 또는 쉬운좌(Easy Pose)로도 알려져 있는 편안좌는 명상하는 동안 에너지가 '새는 것'을 막는 탁월한 방법이다. 다리를 느슨하게 교차하여 앉으면 신체적 에너지를 잘 담을 수 있다. 이 자세는 자신의 다리로 무한대의 상징인 뫼비우스의 띠 모양을 만들어 내면의 초점이 될 수 있게 한다. 이 자세는 5장의 호흡 기법들을 수련하는 데 특히 도움이 되는 자세이기도 하다.

1. 바닥에 앉아 다리를 느슨하게 교차해서 각 발을 반대편 무릎이나 허벅다리 아래에 두라.

2. 무릎이 엉덩이보다 더 높지는 않은지 점검하라. 무릎을 낮추는 데 어려움이 있거나 고관절이 경직되어 있다면, 쿠션이나 요가 블록 또는 접은 담요를 활용해 엉덩이 높이가 올라가도록 그 위에 앉으라. 최적의 정렬을 위해서 쿠션이나 블록의 1/3에 해당하는 앞부분에 앉는 것이 가장 좋다. 이렇게 약간 더 높여 앉으면 허리나 엉덩이의 모든 긴장을 완화하는 데 도움이 될 것이다. 그러나 지나치게 경직될 정도로 자세를 바르게 해서 앉지 마라. 그렇지 않으면 등이 굽어지기 시작할 수도 있다.

3. 무릎을 바닥에 내려두는 것을 목표로 하라. 아직 이렇게 할 수 없다면 쿠션이나 담요들로 무릎을 받쳐라. 규칙적으로 수련하면 고관절의 모든 긴장이 줄어들게 될 것이고, 허리의 근육들이 강화될 것이다.

4. 반드시 머리가 똑바로 서고 턱이 바닥과 평행하고 등이 곧추서며 어깨가 굽어지지 않도록 몸을 점검하라.
5. 균형점을 찾을 때까지 체중을 좌우로 약간씩 옮겨 보라.
6. 그런 다음, 가능한 한 고요하게 앉아서 수련을 시작할 준비를 하라.

변형

다리를 교차하는 자세가 불편하다면, 버마인좌(Burmese Pose)라고 불리는 자세를 시도해 보라. 이 자세를 하기 위해서는 먼저 재단사좌를 취한 다음, 발을 더 이완된 방식으로 바닥에 놓여 있게 하기 위해서 약간 앞으로 미끄러뜨려라. 이 자세에서는 각 발이 반대쪽 무릎이나 허벅다리 아래에 있기보다는 한쪽 발은 다른 쪽 발의 앞에 있다. 최적의 상태는 두 발과 양 무릎을 바닥에 내려놓게 되는 것이지만, 쿠션이나 요가 블록으로 엉덩이를 높여서 이 상태를 해낼 수 있을 것이다.

달인좌

싯다사나 *Siddhasana*

이 자세는 편안좌보다 약간 더 어려울 수 있다. 반면 반연화좌나 연화좌보다는 더 쉬운 자세로 분류된다. 좌법에 익숙해지다 보면 앉는 자세가 더 안정적일수록 더 집중할 수 있고 더 이로운 느낌을 얻는다는 사실을 알게 될 것이다.

초기 요가 문헌들에서는 호흡 기법을 수련하는 데 있어 우선시되는 자세로 싯다사나를 말한다. 그렇지만 앞서 언급했듯 편안좌 또는 버마인좌 또한 효과가 있다.

1. 바닥에 앉아 다리를 앞으로 쭉 뻗어라. 원한다면 엉덩이 아래에 쿠션이나 접은 담요를 놓아라.
2. 왼쪽 무릎을 굽혀서 발꿈치를 치골 바로 앞에, 가능한 한 치골 가까이 두어라.
3. 그런 다음, 오른쪽 무릎을 접어 올리고 오른발을 왼쪽 종아리 뒤에 넣어라. 자신에게 친절하게 대해야 한다는 점을 기억하라.
4. 그런 다음, 가능한 한 고요하게 앉아서 수련을 시작할 준비를 하라.

반연화좌

아르다-파드마사나 *Ardha-Padmasana*

이 자세는 연화좌보다는 단순한 좌법으로 분류된다. 하지만, 뿌리내리기 자세와 안정성과 같은 많은 유익함을 제공한다.

1. 편안좌로 앉아서 시작하라.
2. 한쪽 발을 반대쪽 허벅다리 위에 발바닥을 위로 향하게 해서 부드럽게 놓아라. 다른 쪽 발은 위에 있는 다리 아래에, 무릎이나 허벅다리 아래에 포갠 상태로 유지할 수 있다.
3. 시선을 수평으로 유지하고 견갑골을 약간 더 모아라. 그런 다음, 앉아서 수련을 시작할 준비를 하라.

연화좌

파드마사나 *Padmasana*

연화좌는 고관절의 유연성이 많이 요구되는 요가의 대표적인 상급 자세다. 아시아의 여러 전통에서 연꽃은 순수함, 깨달음, 재생 그리고 인간의 노력을 상징한다. 연꽃은 뿌리가 더러운 물속에 있을지라도 가장 아름다운 꽃을 피운다. 이처럼 이 자세는 인간의 잠재력을 상징한다.

연화좌는 상급 수련자들에게 호흡 기법과 명상을 위한 강력한 토대를 제공한다. 이 자세는 프라나로 알려진 몸의 미세한 생명 에너지를 순환시키기 위한 가장 효과적인 자세다. 처음 연화좌를 할 때는 오직 자격이 있는 지도자의 지도 아래 안전하게 시도하라. 다리를 무리하게 꼬아서 억지로 이 자세를 만들려 하지 마라.

1. 다리를 앞으로 곧게 뻗고 앉는다.
2. 오른발을 가능한 한 몸통에 가깝게 왼쪽 허벅다리 위에 놓아라. 그런 다음, 왼발을 오른쪽 허벅다리 위에 놓아라.
3. 반드시 양쪽 발바닥이 위를 향하게 하고 무릎은 바닥에 있게 하라. 그런 다음, 가능한 한 고요하게 앉아서 수련을 시작할 준비를 하라.

주의

무릎에 문제가 있거나 정맥류 또는 다리가 저리는 문제들이 있다면 연화좌를 시도하지 마라.

금강좌

바즈라사나 *Vajrasana*

또 다른 명상 자세인 금강좌, 즉 무릎 꿇는 자세는 일반적으로 선 전통의 명상(좌선)에 사용되는데, 거기서는 단좌(端坐) 또는 정좌(正坐)라고 불린다. 이 자세는 당신의 에너지, 특히 태양신경총 영역을 자극하고 균형을 잡아 준다.

1. 편안하게 앉기 위해 매트나 접은 담요를 바닥에 놓고 시작하라.
2. 발등이 매트나 담요에 고르게 닿도록 무릎을 꿇어서, 엉덩이가 발꿈치에 단단히 얹혀 있게 하라.
3. 발과 무릎을 모으거나 약간만 떨어져 있게 하라. 정확하고 똑바르게 세운 등을 유지하면서 수련을 시작할 준비를 하라.

주의

발목이나 발이 불편하다면, 둥글게 만 작은 수건을 밑에 받쳐라.

도구를 활용하여 앉기

바닥에 앉거나 무릎을 꿇는 것이 불편하게 느껴질 수도 있다. 그럴 때는 도구를 활용하거나 의자에 앉아서 명상을 진행할 수도 있다.

볼스터 활용한 영웅좌

비라사나 *Virāsana*

금강좌가 불편하다면 무릎을 꿇고 있는 동안 엉덩이 아래에 볼스터와 같은 받침을 받치고 싶을 수도 있다.

1. 바닥에 매트나 접은 담요를 깔고 중앙에 볼스터를 두어라. 또는 명상 쿠션이나 요가 블록들을 사용할 수도 있다. 볼스터를 사용한다면 한쪽 끝이 매트의 앞쪽 끝을 향하게 해서 두어라.

2. 볼스터 앞쪽의 양쪽 옆에 발을 대고 무릎을 약간 꿇고 앉는다. 그리고 그것에 올라앉는다. 이때 정강이와 무릎은 양옆으로 바닥에 대고, 허벅다리는 대략 45도 각도이며, 상체는 바닥과 수직이 되게 한다.
3. 발목이 충분히 유연하지 못해서 발등 또는 발목에 통증이 느껴지면, 수건이나 면포 또는 작은 타월을 발목 아래에 두는 방식으로 완충재를 만들어 주어라.
4. 골반이 뒤로 기울어져 허리가 너무 많이 뒤로 굽어지고 등의 중간 부위가 과도하게 보상되지 않도록 하라.
5. 할 수 있는 한 똑바르게 앉아서 몸이 취한 형태를 즐겨라. 아마도 그 자세가 내적인 넓음과 평화의 느낌을 고무시킨다는 사실을 알게 될 것이다.
6. 반드시 어깨와 엉덩이가 수직선상에 쌓아 올라간 것처럼 반듯하게 있어야 한다.
7. 고요하게 앉아서 명상 수련을 시작할 준비를 하라.

주의

갈비뼈가 앞으로 돌출되어 있다면 약간 더 높게 앉을 필요가 있다. 이미 사용하고 있는 받침이 무엇이든 간에 그 위에 추가적인 블록이나 접은 담요를 놓아라. 이것은 단기적 처방이다. 또한 골반 기울이기/들어 올리기와 보조도구를 사용한 다리 자세를 수련함으로써 그 문제를 직접적으로 다루기 시작할 수도 있다.(140~141페이지 참조)

변형

어떤 사람들은 엉덩이 아랫부분에 어떤 받침도 사용하지 않으면서 자신들의 두 발 사이의 바닥에 앉기를 선호하기도 한다. 그렇지만 이 자세를 하면 무릎 관절이 깊게 접히게 되고, 이는 발목과 허벅다리를 비롯해 굽혀지는 관절과 근육들에서의 아주 높은 유연성을 필요로 한다. 초보자이거나 최근에 무릎이나 발목에 부상을 입었거나 또는 대퇴사두근이 뻣뻣한 경향이 있다면, 이렇게 앉는 것을 권하지 않는다.

명상 벤치 활용하기

책상다리를 하거나 무릎을 꿇는 자세가 불편하다면, 무릎 꿇고 앉을 수 있게 해 주는 낮은 벤치(Keeling Bench)나 명상 스툴을 사용하는 것이 좋다. 선 전통에서는 이것을 '단좌 의자' 또는 '정좌 의자'라고 부른다. 형태적으로는 두 개의 측면 지지대에 얹혀 있는, 약간 앞으로 비스듬히 기운 앉는 부분이 있다.(98페이지 참조)

1. 발등과 정강이의 앞쪽 부위가 매트 위에 오도록 무릎을 꿇는다. 이때 다리는 약간 벌어져 있지만 평행하다.
2. 엉덩이 아랫부위를 대고 벤치 위에 앉는다. 대부분의 명상 벤치는 완충재가 없으므로 접은 담요나 타월을 써서 약간의 완충재를 덧댈 수도 있다.
3. 가능한 한 벤치 위에 똑바르게 앉아라. 이때 척추는 곧추서서 바닥과 수직이 된다.
4. 손을 모으거나 허벅다리 위에 놓아라. 명상에 도움이 되도록 무드라(Mudra)로 알려진 손 모양을 사용할 수 있다.(72~80페이지 참조)
5. 고요하게 앉아서 수련을 시작할 준비를 하라.

의자에 앉기

바닥에 앉는 것이 불가능하다고 느껴지더라도 걱정하지 마라. 대신, 등받이가 똑바른 의자에 앉아서 명상을 할 수 있다. 이때 등받이에 기대지 않는 것이 좋다.

명상을 하려고 할 때 쿠션이 있는 의자나 소파 또는 침대에 앉는 것은 좋은 생각이 아니다. 왜냐하면 푹신한 가구는 구부정하게 앉도록 조장하는 경향이 있고, 졸음을 유발할 수 있기 때문이다.

1. 의자의 앞쪽 1/2지점에 앉아라. 의자의 등받이에 기대지 말고, 등을 등받이와 평행하게 하라.
2. 반드시 허벅다리가 바닥과 평행하게 되도록 하라. 이때 무릎은 엉덩이 높이보다 약간 아래에 있어야 한다. 아랫다리가 길다면 무릎이 엉덩이 높이보다 높아지는

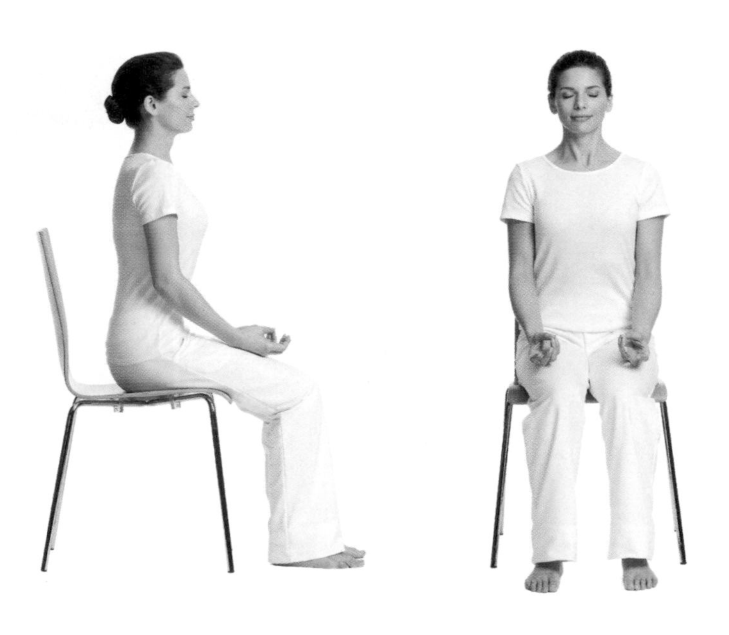

데, 그렇다면 접은 담요를 의자의 앉는 부분 위에 놓아서 엉덩이 높이를 약간 들어 올려라.

3. 반드시 무릎과 발을 엉덩이 너비로 벌려야 한다. 무릎부터 종아리는 바닥에서 수직으로 평행한 두 개의 기둥을 형성해야 한다.
4. 발을 바닥에 평평하게 놓아라. 이때 발끝은 앞을 향하게 한다. 이는 자신을 뿌리내리게 하는 데 도움이 된다. 발이 바닥에 닿지 않는다면 블록이나 쿠션 또는 접은 담요 위에 발을 얹어라.
5. 고요하게 앉아서 수련을 시작할 준비를 하라.

주의

절대 다리나 발목을 꼬지 마라. 허리에 불편함 없이 의자의 앞쪽 부분에 곧게 앉을 수 없다면, 허리와 의자 등받이 사이에 작은 원형 쿠션을 끼워 넣어 보라.

명상 시작하기

일단 편안하게 명상을 할 수 있는 가장 효과적인 자세를 발견했다면, 그 자세로 앉아서 몸을 가라앉혀 보자. 이제 손과 눈을 어떻게 두어야 할지 실험을 시작해야 할 때다.

손을 무릎이나 허벅다리 위에 얹어둘 수 있다. 이때 명상적인 손 모양인 무드라(Mudra)를 활용할 수 있다.(72~80페이지 참조) 그런 다음, 드리시티(Drishti)라 불리는 시선을 두는 법에 대해 알아보자.(81~88페이지 참조)

마음을 안정시키기

일단 가만히 앉아 명상할 준비가 되었다면, 마음이 안정되어서 실제로 명상을 할 수 있게 되는 데는 대략 10분 정도 걸린다. 5장의 호흡법들을 규칙적으로 수련하면 더 쉽게 마음을 안정시키는 데 도움이 된다.

마음을 안정시키는 작업은 종종 새가 횃대로 돌아오게 하는 훈련에 비유된다. 마음을 차분하게 명상의 집중점으로 돌리는 것은 자신의 마음을 '훈련하는 과정'을 수반한다. 배회하는 마음을 다시 데려와야 할 때마다 자신의 자세를 의식적으로 점검하라. 이때 몸의 어느 부위에서든 긴장이나 불편함이 느껴진다면, 4장에서 다루는 스트레칭들이나 요가 자세들 중 어떤 것이 도움이 될 수 있을지 살펴보라.

불편함과 자세 바꾸기

명상을 할 때는 계속 고요한 상태를 유지하는 것이 가장 좋다. 마음을 가라앉히려 노력하고 있으므로, 몸을 움직이려고 하지 않는 한 몸은 움직일 수 없다. 그렇지만 육체적 통증이나 졸음이 너무 큰 방해 요인이 되면, 그것을 경감시키기 위해서 몸을 약간 움직여도 좋다. 그렇지 않으면 쿠션, 블록, 볼스터와 같은 편안함을 돕는 몇 가지 명상 소품을 사용할 필요가 있을 수도 있다.

편안함을 위해 쿠션 사용하기

다리 위에 손을 모으는 방식의 무드라를 사용하겠다고 결정한다면, 그 무드라가 상체를 앞으로 쏠리도록 조장한다는 사실을 알게 될 것이다. 그리고 어깨가 구부정한 경향이 있다면, 가슴이 함께 무너지는 것도 알 수 있을 것이다. 이를 극복하기 위해서 무릎 위에 작은 쿠션을 놓고서 그 위에 손을 얹어라. 이것은 상체를 지탱해 주고, 어깨를 부드럽게 뒤로 밀어 준다. 또한 일부 사람은 몸을 따뜻하게 하기 위해 숄이나 담요를 무릎에 두르기도 한다.

명상을 돕는 손 모양
무드라

명상을 하기 위해 앉을 때, 두 손을 느슨하게 깍지 끼거나 허벅다리 위에 얹어 놓는 것을 선호하는 사람도 있다. 그러나 대부분의 경우, 명상 중에는 무드라로 불리는 손 제스처를 많이 택한다. 이 제스처는 미세 에너지를 통제하고 봉인해서 몸의 특정한 긍정적 경로로 유도하는 역할을 한다.

무드라를 사용하면 명상하는 동안 몸 안의 에너지를 보유하는 데 도움을 준다. 뇌로 가는 산소의 흐름을 증가시키고 자연과 조화하고 교감하는 느낌들을 만들어 내기 때문이다. 무드라는 감정을 진정시키고 마음을 정화하며 내적인 자각을 확장시키는 데 도움이 되는 강력한 도구들이다.

두 가지 유형의 주요 무드라가 있다. 양손을 모아 무릎이나 허벅다리 위에서 합치는 방식, 그리고 양쪽 무릎이나 허벅다리에 두 손을 얹어서 손가락들의 위치로 에너지가 순환하는 회로들을 만드는 방식이다. 손가락들 또는 손 사이에 강한 압력은 필요치 않다. 가벼운 접촉으로도 충분하다.

무드라는 막힌 에너지를 풀어 주기 때문에 자세를 취하고 있는 동안 팔이나 몸의 나머지 부위에서 여느 때와는 다르지만 불쾌하지는 않은 감각들을 경험할 수도 있다. 대부분의 무드라는 미세하고 점진적으로 작용하는 경향이 있어서, 더 긴 시간 그것들을 명상 수련에 포함시킬수록 자신의 의식 속에 더욱더 많은 긍정적인 변화를 가져올 것이다.

이 장에서는 명상을 위해 가장 흔히 사용되는 무드라들 중 일부를 소개할 것이다. 무드라에 대해 더 많이 알고 배우고 싶다면 나의 저서 『치유를 위한 손가락 요가』에서 더 많은 정보를 얻을 수 있다.(243페이지 참조)

자유로운 의식 만들기

친 무드라 *Chin Mudra*

친 무드라는 아마도 대부분의 사람이 명상과 연관 짓는 손 모양일 것이다. 손바닥을 위로 향하게 해서 (지고의 의식을 상징한다고 여겨지는) 엄지손가락을 (개인의 의식을 상징한다고들 하는) 집게손가락과 연결한다. 이것의 효과는 미세할 수도 있지만, 규칙적으로 수련하면 마음은 그것을 명상적 상태로 들어가는 신호로 인식하기 시작할 것이다.

친 무드라는 고요함을 불러일으켜 당신이 자신과 환경 모두를 아주 잘 알아차리는 데 도움을 준다. 이것은 조화와 평화 그리고 소통의 감정을 낳는 한편, 육체적으로는 뇌로 가는 산소의 흐름을 증가시켜서 정신적 능력과 기억력을 강화한다. 친 무드라에는 일반적인 두 가지 옵션이 있고, 자유롭게 선택할 수 있다.

1. 손바닥이 위를 향하게 하고, 에너지와 영감을 받아들인다. 가장 편안한 자세를 찾아 손등을 허벅다리나 무릎 위에 얹는다.
2. 두 가지 옵션 중 자신에게 적합한 손 모양을 선택한다. 다른 손가락들은 이완된 상태로 유지한다.
   - **옵션** A: 집게손가락의 끝을 엄지손가락의 끝과 연결해서 원을 만든다.
   - **옵션** B: 집게손가락의 끝을 처음 연결한 엄지손가락의 안쪽, 즉 아래쪽으로 가져가서 엄지손가락으로 집게손가락의 손톱을 아래로 누른다.

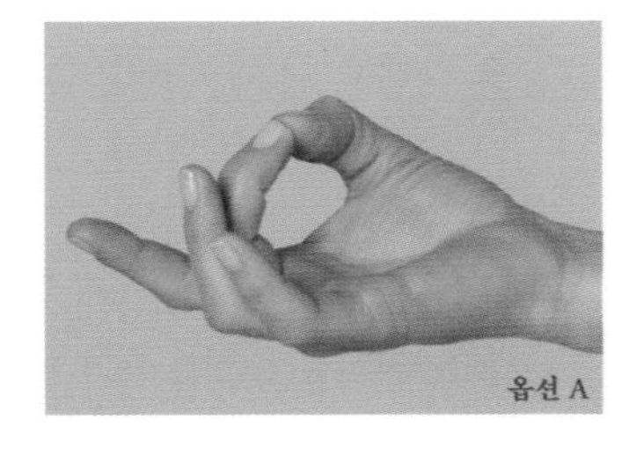
옵션 A

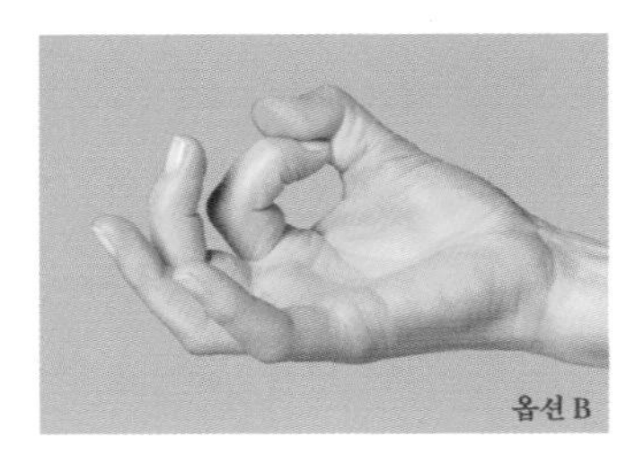
옵션 B

3. 등과 어깨를 곧지만 이완된 상태로 유지하라. 그런 다음, 명상을 위해 조용히 앉아 있는 동안 이 자세를 유지하라.

지혜의 상징

갸나 무드라 *Jnana Mudra*

갸나(때로 'Gyana'로 씀) 무드라는 친 무드라와 유사하다. 손바닥을 위로 향하여 유지하는 대신, 에너지를 보유하고 자신을 뿌리내리기 위해서 손가락과 손바닥이 아래로 향한 상태로 손을 허벅다리나 무릎에 두어라. 이 무드라는 앉아서 뿌리내리고 싶거나 안정화할 필요가 있는 어느 때에나 유용하다. 마음이 가만히 있지 못하는 경향을 가진 사람들에게 특히 유익하다.

갸나 무드라는 새로운 집으로 이사를 가거나 새로운 직장을 갖게 되거나 또는 슬픔을 겪을 때와 같은 삶의 변환기에 도움이 된다. 이 무드라를 규칙적으로 수련하면 당신은 삶의 길이 스스로 드러나는 것을 보기 시작할 것이다.

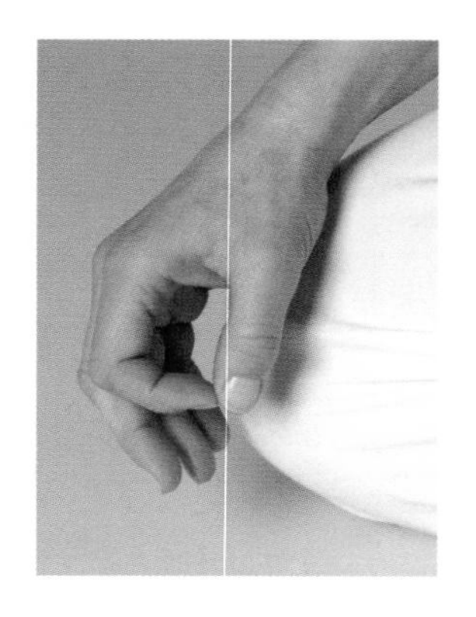

1. 명상 자세로 앉거나 무릎을 꿇는다. 집게손가락의 끝을 엄지손가락의 끝과 연결하여 원을 만들라.
2. 부드럽게 손목 안쪽을 허벅다리나 무릎 위에 얹고서, 손가락들과 손바닥을 아래로 향하게 하라. 팔꿈치와 팔을 긴장 없이 이완하라.
3. 반드시 등과 어깨를 곧지만 이완된 상태로 유지하라. 그런 다음, 명상을 위해 조용히 앉아 있는 동안 이 자세를 유지하라.

연민의 마음 기르기

흐리다야 무드라 *Hridaya Mudra*

흐리다야 무드라는 심장 차크라(가슴 중앙부위에 있는 에너지 센터)로 향하는 긍정적인 에너지 흐름을 증가시켜서 무조건적인 사랑과 연민 어린 소통을 촉진한다. 이 손 모양은 억눌린 부정적 감정들을 풀어 주어서 심장의 짐을 덜어 준다. 이 무드라는 공감과 연민을 발달시키는 데 아주 큰 도움이 된다.

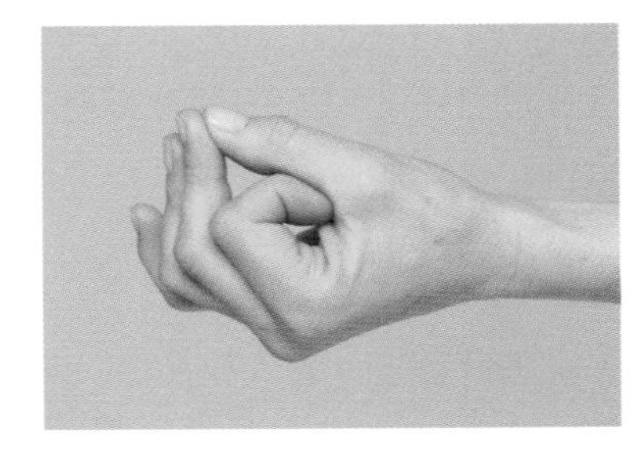

1. 명상 자세로 앉거나 무릎을 꿇는다. 집게손가락의 손끝을 굽혀서 바로 그 손가락의 밑부분에 닿게 하라. 그런 다음, 집게손가락을 계속 말아서 첫 번째 마디가 같은 손의 엄지손가락의 밑부분에 닿게 하라.
2. 엄지손가락의 끝을 같은 손의 넷째손가락 및 가운뎃손가락과 연결시켜라. 새끼손가락은 펴져 있지만 이완된 상태를 유지하라.
3. 손바닥이 위를 향하게 각 손등을 각 허벅다리나 무릎 위에 얹어라.
4. 반드시 등과 어깨를 곧지만 이완된 상태로 유지하라. 그런 다음, 명상을 위해 조용히 앉아 있는 동안 이 자세를 유지하라.

맹렬한 결심의 상징

바이라바 무드라 *Bhairava Mudra*

힌두교와 불교의 신화에서 바이라바는 강력하고 무시무시한 형상을 가진 신으로 등장한다. 그의 광포함은 화, 증오, 질투, 탐욕, 두려움과 같은 부정적이고 바람직하지 않은 성질들을 파괴해 버린다. 많은 명상자들이 바이라바 무드라를 할 때 곧바로 정신적인 고요함을 경험하곤 한다.

명상하는 동안 이 무드라를 이용하면, 평화로운 상태를 유지하려는 강한 결의를 갖도록 당신을 격려한다. 역경에 직면했을 때도 도움이 된다. 마음에서 부정성이 제거되면 연민과 내적 균형과 같은 더 긍정적인 성질들이 나타날 수 있는 공간이 생기게 된다.

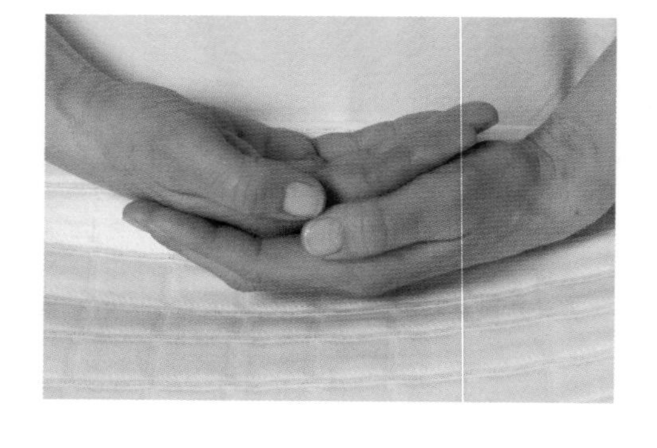

1. 명상 자세로 앉거나 무릎을 꿇고, 손을 다리 위에 올려 놓는다. 다리 위에 작은 쿠션을 놓고, 그 위에 손을 놓는 것이 더 편하다면 그렇게 하라.
2. 양 손바닥을 위로 향하게 하고 오른손을 왼손 위에 얹어라. 이런 식으로 손을 포개면 좌뇌(이성적, 언어적, 수학적)와 우뇌(직관적, 비언어적, 공간적) 사이의 평화로운 소통이 촉진된다. 또한 이 무드라는 요기들이 이다 나디(Ida Nadi)와 핑갈라 나디(Pingala Nadi)라고 지칭하는 두 개의 주요 에너지 통로, 즉 경락을 통해서 흐르는 미세 에너지를 결합한다.
3. 반드시 등과 어깨를 곧지만 이완된 상태로 유지하라. 그런 다음, 명상을 위해 조용히 앉아 있는 동안 이 자세를 유지하라.

변형

일부 불교 명상 단체들에서는 여성들은 바이라바 무드라에 의해 활성화되는 남성적 에너지와 꼭 마찬가지로 맹렬할 수 있는 여성적 에너지를 강조하기 위해서 왼손을 오른손 위에 놓으라고 권한다. 이를 바이라비 무드라(Bhairavi Mudra)라고 한다.

평화로운 명상의 상징

디야나 무드라 *Dhyana Mudra*

모든 무드라가 명상에 유용하지만, 이 손 모양은 명상과 특별한 연관이 있다. 어떤 사람이 디야나 무드라로 손을 한 모습으로 묘사된다면, 이는 그가 평화로운 사람 또는 현재 고요한 상태에 있는 사람임을 나타낸다.

디야나 무드라는 충분하고 깊은 횡격막 호흡을 가능하게 하고 마음의 명료함을 촉진시킨다. 심지어 가장 스트레스가 심한 상황에서조차 내면에 고요하고 보살피는 에너지를 만들어 낸다. 이 무드라는 마음의 산만한 본성을 약화시키고, 주위 사람들에게 긍정적인 영향을 미치는 강력한 아우라를 준다.

이 무드라는 침묵에 조율하는 능력을 향상시키고 무한한 잠재력에 접근하며 내적인 힘을 발견하기 위해서 다양한 전통에서 사용된다. 디야나 무드라를 선택한다면, 이는 마음에 명상 상태에 들어갈 때라는 강력한 신호를 주는 것과 같다.

1. 명상 자세로 앉거나 무릎을 꿇고, 다리 위에 편안히 손을 내려놓는다. 양손을 모으는데 한 손을 다른 손 위에 두고서 손바닥이 위로 향하게 한다. 어느 쪽 손이 위로 올라가도 문제가 되지 않는다.
2. 에너지의 흐름을 끊어지지 않도록 부드럽게 두 엄지손가락 끝이 서로 닿게 한다.

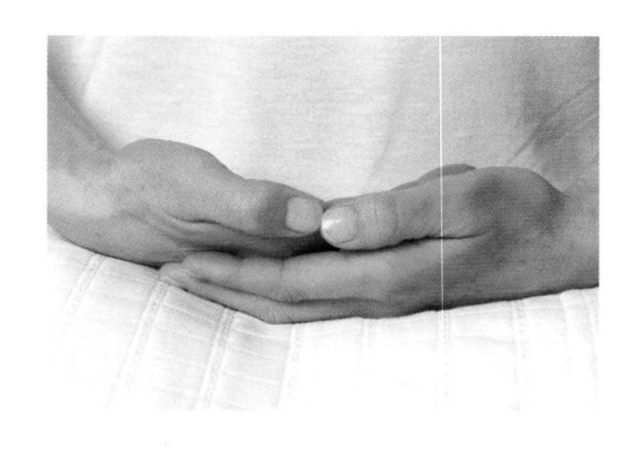

이 무드라가 내적인 침묵을 아주 잘 알아차릴 수 있게 도움으로써 명상하는 힘을 증가시켜 줄 것이다.

3. 명상을 하는 동안 이 자세를 유지하라. 매일 20~30분 동안 이 무드라를 유지할 수 있도록 하라.

원천 봉인하기

요니 무드라 *Yoni Mudra*

산스크리트 단어인 요니(Yoni)는 자궁, 근원, 그리고 샥티로 알려진 자연의 역동적인 여성적 힘을 받아들이는 그릇을 의미한다. 요니 무드라에서는 손가락들을 서로 맞물리게 하여 몸 안의 에너지 균형을 잡아 준다. 이 제스처는 우뇌의 비언어적, 직관적, 공간적 인식과 좌뇌의 이성적, 언어적, 수학적 접근 사이의 소통을 향상시킨다고 알려져 있다.

요니 무드라는 에너지를 몸으로 다시 되돌려 보내는 데 도움을 주는데, 그렇지 않으면 그 에너지는 흩어지고 말 것이다. 이 무드라

는 마음을 안정시켜서 집중력과 내적인 자각을 발달시켜 준다. 집게손가락과 엄지손가락의 끝을 연결하면 에너지의 흐름이 강해진다.

1. 명상 자세로 앉거나 무릎을 꿇는다. 두 손을 모으고 손가락들을 느슨하게 서로 맞물리게 하라.
2. 엄지손가락을 풀고 그 끝을 연결하라. 그러면 맞닿은 엄지손가락 끝이 당신의 머리를 향해서 위쪽을 가리키고 있게 된다.
3. 집게손가락을 풀고 그 끝을 연결하라. 그러면 맞닿은 집게손가락 끝이 바닥을 향해 아래를 가리키게 된다.
4. 다리 위에 손을 얹거나 허리 높이에서 유지하고서 등과 어깨를 곧지만 이완된 상태로 계속 유지하라. 그런 다음, 조용히 앉아 있는 동안 이 자세를 유지하라.

장애 제거 제스처

가네샤 무드라 *Ganesha Mudra*

가네샤 무드라는 코끼리의 머리를 한 인도의 신의 이름을 딴 것으로, 가네샤 신은 삶에서 발생하는 문제들을 제거하는 데 도움을 주는 에너지를 상징한다. 이 무드라는 삶에서 자신을 방해할 수 있는 어떠한 반대 세력도 다룰 수 있고, 역경을 극복할 내적인 힘을 가지고 있다는 사실을 알아차리도록 용기를 북돋운다. 가네샤 무드라는 모든 종류의 힘든 상황을 직면할 용기와 의지를 줄 수 있고, 다른 사람들에 대한 연민과 존중을 발달시키는 데 도움이 된다.

1. 명상 자세로 앉거나 무릎을 꿇는다. 오른손의 손바닥을 위로 향하게 유지하고,

그 위에 왼손의 손바닥을 아래로 향하게 놓아라.

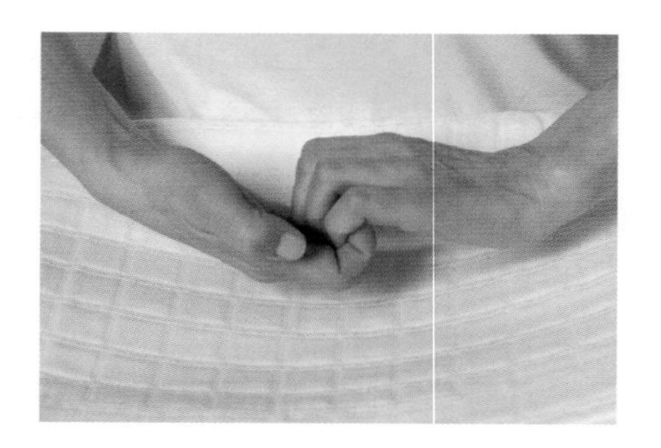

2. 손가락을 구부리고 두 손을 후크를 채우듯이 함께 걸어서 그 손을 다리 위에 놓거나 허리 높이에서 유지하라.
3. 조용히 앉아 있는 동안 이 자세를 유지하라.

시선 처리하기

드리시티

눈은 빈번히 영혼의 창으로 언급된다. 일부 명상 지도자들은 마음챙김의 태도를 촉진하기 위해서 명상을 하는 동안 눈을 뜬 상태를 유지하라고 권하지만, 요가 수련자들은 '감각들을 거두어들임'을 의미하는 프라티야하라(Pratyāhāra) 기법의 수련을 쉽게 하기 위해서 눈을 감는 것을 지지한다.(233~234페이지 참조)

명상할 때 눈을 감는 일은 음악을 귀 기울여 듣는 동안 눈을 감는 것과 유사하다. 눈을 감으면 외부의 방해 요인들로부터 주의를 거두어들이게 된다. 그러면 내면의 경험에 집중할 수 있게 돕기 때문에, 더 친밀하고 집중된 경험을 하게 된다. 특히 일상 세계의 견인력으로부터 물러날 필요를 느낄 때 더 효과적인 경향이 있다.

반면에 눈을 계속 뜨고 있으면 당신이 그 순간에 더 집중할 수 있도록 만들어준다고 느낄 수도 있다. 또는 명상하려 할 때 잠드는 경향이 있거나 약간 졸음을 느끼는 날에는 계속 눈을 뜨고 있는 편이 더 나을 것이다.

명상하는 동안 눈을 계속 뜨고 있으면, 원하는 경우, 초의 불꽃과 같은 어떤 아이템에 주의를 집중하거나 지평선을 바라보거나 또는 걷기 명상을 할 때처럼 시선을 앞쪽 바닥에 고정할 수 있다.

드리시티(Drishti)는 외적으로든 내적으로든 시선을 고정시킴이라는 의미의 산스크리트 용어다. 이것을 사용하면 특정한 지점으로 시선을 향하게 해서 주의가 산만해지지 않도록 하는 데 도움이 될 수 있다. 또한 드리시티를 사용하면 안정된 자세를 수월하게 할 수 있고 몸을 바르게 정렬하는 데 도움이 될 수 있다.

명상에 사용되는 응시법, 즉 드리시티들을 살펴보자. 다양한 응시법 중에서 자신의 수련으로 가져가고 싶은 기법이 무엇인지 알 수 있을 것이다.

약한 응시

약한 응시는 연초점(軟焦點, Soft Focus)으로 불리기도 한다. 티베트 불교의 닝마(Nyingma)파와 같은 일부 전통에서는 주변 시야와 시선 시야의 통합을 수반하는 소위 '부드러운 눈'으로 명상할 것을 주장한다.

이런 연한 응시법은 또한 때로 운동선수, 무술가, 인테리어 디자이너, 공연가에 의해 사용되기도 한다. 프로 운동선수들은 가끔 이것을 '코트 비전(Court Vision, 농구 경기에서 우수한 선수의 시야를 말하는 것으로, 자기 플레이를 하면서도 코트 전체를 볼 수 있는 넓은 시야를 의미)' 혹은 '강렬하게 집중하고 있기(Being in the Zone)'라고 부르기도 한다.

1. 명상을 시작하기 전에 두 팔은 어깨높이에서 양옆으로 뻗고, 손바닥은 앞으로 향하게 하라. 손목을 굽혀서 손바닥이 서로를 향해 마주 보게 하라.

2.눈을 뜨지만 응시하지는 마라. 특별히 어떤 것을 쳐다보지 마라. 그저 시야가 약간 흐릿해지고 초점이 맞지 않게 되도록 두라.

4. 손가락을 필요하다면 손가락의 움직임을 볼 수 있을 때까지 천천히 팔을 앞으로 움직여라. 이것이 주변 시야, 즉 '측면 시야'의 한계다. 시선을 그저 초점에 유지되게 하지만, 그렇게 유지하려고 눈에 힘을 세게 주지는 마라. 그저 눈 주위 근육들을 이완하라.

5. 명상하는 동안 연초점으로 눈을 뜬 상태를 유지해 보라. 횡격막도 열리듯 확장되어서 호흡이 이완되고 깊어지는 것을 알아차리게 될 것이다.

아래를 향한 응시

일부 명상 전통에서는 눈을 반쯤 뜨라고 주장하기도 하고, 45도 각도로 아래를 보거나 대략 1~2미터 앞의 바닥에 있는 한 점에 시선을 고정하라고 권하기도 한다.

마음이 특히 산란한 경향이 있다면 좀 더 가까이에 시선을 고정하는 것이 더 안정감을 준다고 느낄 수도 있다. 이런 시선을 적용할 때 절대 상체나 머리가 앞으로 숙여져서는 안 된다.

코끝 응시

나사그라 드리시티 *Nasagra Drishti*

코끝 응시는 눈을 강화할 뿐만 아니라 마음의 안정감을 높이는 데 도움을 준다. 다만, 이 드리시티는 명상 중에 하지 말고, 오히려 세션을 시작할 때 해야 한다. 그런 후에, 본격적인 명상을 하는 동안에는 눈을 이완하고 코끝에만 의식을 둔다.

1. 눈꺼풀을 반쯤 감은 상태로 시선을 아래로 향하게 하고 두 눈의 초점을 코끝에 맞춘다.
2. 10초간 이렇게 유지하라. 그런 다음, 명상하기 위해 눈을 이완시켜라.

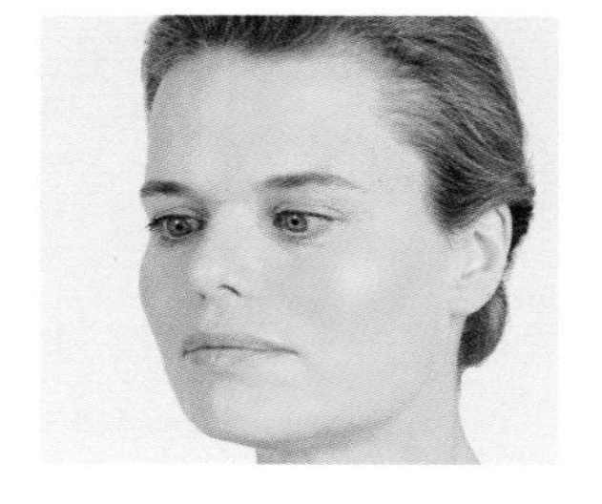

미간 응시

브루마디야 드리시티 *Bhrumadhya Drishti*

어떠한 긴장도 하지 않고 코끝 응시를 할 수 있다면, 미간 응시를 시도해 볼 수도 있다. 이 응시법도 명상하는 동안 하기보다는 명상 세션을 시작할 때 하는 또 다른 준비 동작이라고 할 수 있다. 본격적인 명상을 하는 동안에는 눈을 이완하고 의식은 이마에 둔다.

1. 시선을 모아서 이마 중앙을 향해 올리고 양미간 사이의 지점에 시야를 고정시켜라.
2. 10초 이하 동안 이렇게 유지하라. 그런 다음, 명상하기 위해 눈을 이완하라.

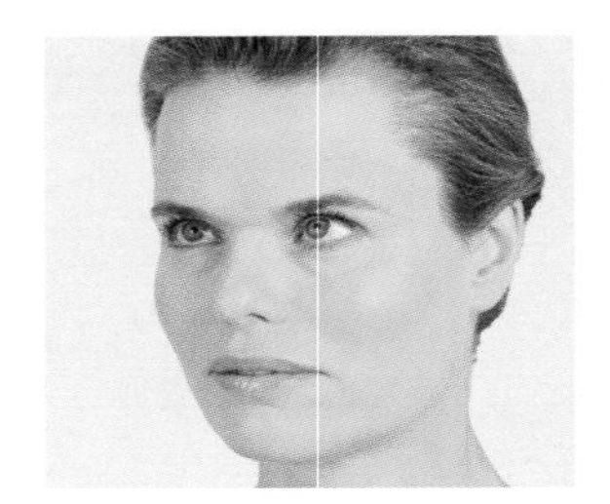

고정된 응시

트라탁 *Tratak*

트라탁은 눈과 눈물샘 그리고 부비동을 강화하고 정화할 뿐만 아니라 집중력을 강하게 증진시킨다. 어두운 방에서 이 응시법을 수련할 때 가장 효과가 있으니 알아 두자. 안경이나 콘택트렌즈를 끼고 있다면 그것들을 빼기를 권한다.

1. 양초에 불을 켜고 팔 길이 거리만큼 떨어뜨려 두어라. 반드시 눈과 초의 불꽃이 거의 동일한 높이에 있거나, 혹은 초가 아주 약간 낮게 있게 하라. 외풍이 없어서 불꽃이 안정적으로 유지되어야 한다.

2. 선호하는 명상 자세로 앉아 척추를 곧게, 머리를 똑바로 세우고 몸을 바로 세운다. 눈을 크게 뜨고 눈을 깜빡이지 않으려 하며 불꽃을 깊이 들여다보라.
3. 1분 동안 시선을 유지하고, 점차적으로 20분까지 늘려 나가라. 얼굴이나 눈 근육에 긴장이 들어가면 안 된다. 편안하지만 단호한 태도로 불꽃을 바라보라. 불꽃 외의 이미지가 나타나기 시작한다면 눈이 초점을 잃고 있다는 뜻이다. 눈에 눈물이 나기 시작할 때 동작을 정확히 하고 있다고 깨닫게 된다.
4. 동작을 마쳤을 때 눈을 감고 눈꺼풀을 부드럽게 마사지하라.
5. 눈을 몇 차례 깜박이고서 끝낸다. 또한 눈에 약간의 찬물을 끼얹는 것도 좋다.

허공 응시

부차리 무드라 *Bhuchari Mudra*

이 강력한 동작은 집중력을 크게 증가시킨다. 마음을 인식된 한계들로부터 자유롭게 하고, 삶에서 '더 큰 그림'을 볼 수 있는 능력을 향상시켜 준다. 또한 평화의 느낌을 증진하며, 활력과 스테미너를 유지함으로써 우아하게 늙어 가는 데 도움을 준다.

허공 응시는 또한 눈물샘과 부비동을 깨끗이 하고, 눈의 신경센터들을 강화시킨다. 더 미세한 레벨에서 이 동작은 인후 차크라(목 부위에 있는 미세 에너지 센터)를 자극하고 균형 잡아 준다. 안경이나 콘텍트렌즈를 착용하고 있다면 그것들을 빼고 시작하는 것이 좋다.

1. 등을 바르게 세워 앉고 한쪽 손을 펼쳐 엄지손톱을 코와 윗입술 사이의 인중에 평평하게 대라. 그런 다음, 집게손가락, 가운뎃손가락, 넷째손가락을 부드럽게 말아 손바닥에 닿게 하고서 새끼손가락을 곧게 쭉 뻗어라.

2. 눈을 크게 뜨고 새끼손가락의 끝을 응시하고서 가능한 한 눈을 깜빡거리지 않으려 하라. 여기에 긴장은 거의 없어야 한다. 잠시 후에 눈에서 눈물이 나기 시작할 것이다. 눈물을 멈추지 마라. 눈과 눈물샘 그리고 부비동을 깨끗이 정화해 줄 것이다.

3. 3~5분 동안 계속 새끼손가락을 응시하라. 그런 다음, 시선을 움직이지 않고 손을 내려놓는데, 이때 시선이 손을 따라가게 두지 마라. 대신, 계속 몰두해서 새끼손가락의 끝이 있던 동일한 지점을 바라보라.

4. 이런 방식으로 15~20분 동안 허공을 응시하면서, 시선이 교차되지 않을 수 있도록 반드시 머리를 곧게 세운 상태를 유지하라.

안대 활용하기

명상하는 동안 계속 눈을 감은 상태를 선호한다면, 빛을 가리는 안대를 사용함으로써 훨씬 더 시각적 자극을 감소시킬 수 있다.

1. 대략 10센티미터 너비의 크레이프 붕대의 끝을 한쪽 귀 바로 위에 놓아라. 이마와 눈꺼풀 등에서 붕대의 부드러운 접촉을 느낀다. 부드럽게 닿는 느낌이 들게 머리둘레를 붕대로 감아라.

2. 콧구멍을 덮지는 마라. 귀를 덮을지 말지는 자유롭게 선택하라.

3. 명상이 끝나면 붕대를 풀고서 눈을 깜빡이고, 눈이 빛에 다시 적응할 시간을 충분히 가져라.

주의

특히 교통 소음이 있는 도시에 산다면 귀마개 또한 감각적 방해 요인을 차단하는 데 도움이 된다.

내면 응시

샴바비 무드라 *Shambhavi Mudra*

샴바비 무드라에서는 눈을 감고 초점을 완전히 안으로 향하게 한다. 많은 요가 문헌에서는 이 동작이 가장 높은 지복의 상태로 이끌어 준다고 언급된다. 이 무드라는 완전한 집중을 필요로 하므로, 일상생활에서 물러날 수 있을 때 이것을 수행하는 것이 가장 좋다.

1. 선호하는 명상 자세로 앉아서 코를 통해 부드럽게 호흡하라.
2. 바닥과 닿아 있는 몸의 부위들을 인식해 본다. 즉 엉덩이, 다리, 발 등에 의식을 두어라. 뿌리가 아래로 자라서 대지 속으로 깊이 뻗어 내린다고 심상화하라.
3. 숨을 들이쉴 때 마치 대지로부터 에너지를 끌어올리고 있다고 느껴라. 숨을 내쉴 때 불순한 것들과 부정적인 것들을 대지 속으로 내보내라.
4. 일단 이 이미지가 확고해지면, 나라는 식물이 이 뿌리들로부터 척추와 일치하는 줄기와 함께 천천히 자라고 있다고 심상화하기 시작하라.
5. 줄기가 눈 뒤에 있는 지점에 도달하면, 꽃봉오리가 성장하여 서서히 피어나기 시작한다고 심상화하라. 마음의 눈으로 지켜보라. 꽃잎들이 부드럽게 펼쳐지고 반짝이는 흰색의 천 개의 꽃잎으로 된 연꽃이 점차 형상을 갖출 것이다.
6. 꽃이 완전한 형상을 갖추었을 때, 그 꽃 안에 더 작고 아름답게 빛나는 여러 색으

로 된 12개의 꽃잎을 가진 연꽃이 있다는 것을 알아차려라. 안에 있는 이 꽃을 볼 수 있다면, 바로 밖에 있는 꽃을 보는 것보다 100배 이상의 효과가 있다고 알려져 있다.

7. 그 꽃을 계속 응시하고 있을 때 환하게 밝은 빛의 구체가 그 안에서 형성되기 시작한다는 것을 알아차려라. 이 빛에 집중된 상태로 머물 수 있고 진정으로 몰두할 수 있게 된다면, 시간이 존재하지 않는 것 같다고 느낄 수 있다. 깊은 평화와 순수한 자아에 대한 경험과 연결되었다고 느낄 것이다.

8. 편안하다고 느끼는 만큼만 그 이미지를 유지하라. 그런 다음, 천천히 눈을 뜨고 몇 차례 깜빡이고서 일상적인 의식으로 돌아오라.

편안한 명상을 도와주는 준비 동작

명상 수련을 하기 전에 부드러운 준비 동작으로 몸을 풀어 주면 좋다. 이것은 가장 일반적인 육체적 통증들, 예를 들어 다리와 발의 무감각함이나 저리는 느낌, 허리의 뻐근한 느낌 등을 줄여 준다.

❶ 다리와 발을 풀어 주는 방법

4장에서는 규칙적인 수련을 통해 앉아서 명상할 수 있게 다리와 발을 준비하는 데 도움이 되는 본격적인 방법들을 다룬다. 그러나 명상하기 직전에 일련의 준비 동작들을 활용한다면 다리의 순환을 증가시켜서 다리가 저리게 될 가능성을 줄이고 더 긴 시간 편안히 앉아 있을 수 있을 것이다.

발과 다리 주무르기

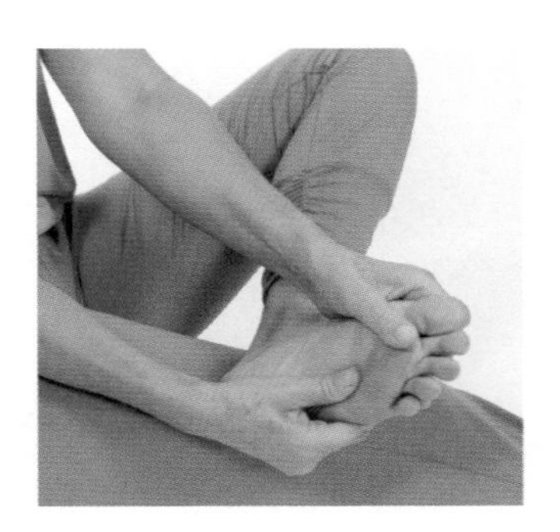

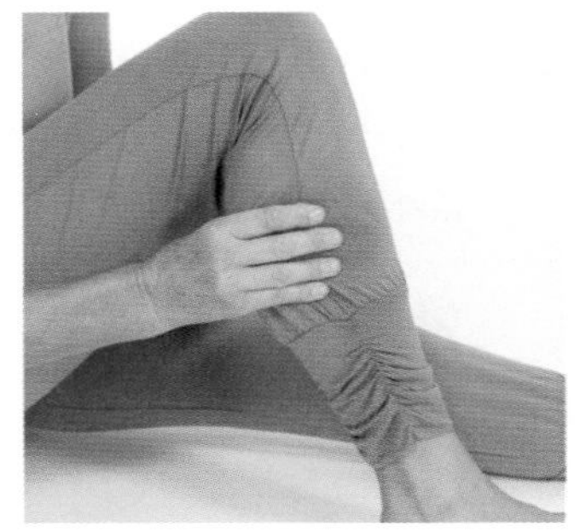

1. 바닥이나 의자에 앉는다. 무릎을 굽혀서 두 손으로 발을 잡는다.
2. 발바닥부터 시작해서 발목, 종아리, 허벅지까지 마사지하듯 강하고 안정되게 주무른다. 손가락은 물론 주먹과 손바닥 아랫부위의 두툼한 부분을 사용해서 근육에서 느낄 수 있을 정도로 충분히 강하게, 그러나 통증을 유발할 정도는 아닌 강도로 눌러 주라.
3. 반대쪽 다리도 주무른다.

발목 돌리기

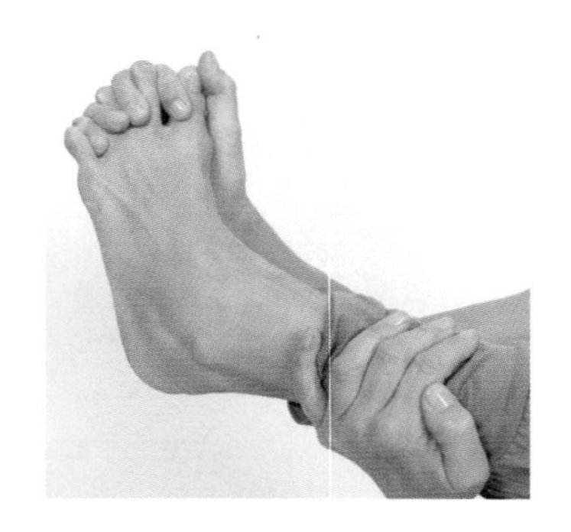

1. 한쪽 손의 손가락들로 발의 반대쪽 발가락들에 깍지를 껴라.
2. 발목을 부드럽게 3~5차례 돌려라. 먼저 한쪽 방향으로 돌린 후, 반대 방향으로도 하라.
3. 반대쪽 발목도 돌려 준다.

요람 자세

아기 흔들기 자세

1. 바닥이나 의자에 앉은 상태로 무릎을 굽혀서 발을 들어 올려라.
2. 반대쪽 팔꿈치의 안쪽에 발을 놓아라. 들어 올린 종아리 부위를 팔로 감싸 안고 두 손을 깍지 껴서 자세를 안정적으로 만들라. 이것이 가능하지 않다면 두 손으로 발을 잡아라.
3. 똑바르게 앉아서 마치 아기를 안고 흔드는 것처럼 다리를 좌우로 8~10회 움직여라. 발을 가능한 한 가슴 가까이 유지하라.
4. 반대쪽 다리도 풀어 준다.

나비 자세 또는 구두수선공 자세

밧다-코나사나 *Baddha-Konasana*

1. 바닥에 앉은 채로, 양 무릎을 굽혀서 발바닥이 서로 맞닿게 모아라.
2. 두 손을 깍지 껴서 양발을 움켜쥐고 가능한 한 등을 계속 똑바르게 편 상태를 유지하라.
3. 두 팔꿈치를 바깥쪽으로 굽힐 때 숨을 들이쉬어라. 그런 다음, 앞으로 몸을 약간 기울일 때 숨을 내쉬어라.
4. 팔꿈치를 사용해서 허벅다리와 무릎을 부드럽게 바닥을 향해 아래로 눌러라.
5. 5~10차례 깊게 호흡을 한 후에 자세를 바로 한다.
6. 정면을 바라보면서, 계속 발을 움켜쥐고, 두 무릎을 1~3분간 부드럽게 아래위로 튕기듯 움직여라. 나비 자세로 알려진 이 자세는 엉덩이와 허벅다리 근육들을 이완하는 데 도움을 줄 뿐만 아니라, 부정적 감정들을 더 긍정적인 태도들로 변환시킴으로써 자유의 느낌을 준다.

주의

바닥에 앉을 수 없거나 최근에 무릎 부상을 당했거나 또는 좌골신경통으로 고통받고 있다면, 준비 동작 시퀀스에서 이 자세를 생략하는 것이 좋다.

❷ 등을 풀어 주는 방법

4장에는 규칙적으로 수행하면 등과 허리 부위를 풀어 주고 강화하는 데 도움이 될 동작들이 있어서, 명상하는 동안 더 편안히 앉아 있을 수 있게 도와준다. 그러나 명상을 하기 직전에 일련의 준비 동작들을 수련한다면 척추뼈 사이의 긴장을 풀어 주어서, 고요히 앉아 있도록 하는 데 도움이 된다.

고양이 자세

마르자리야사나 *Mārjāryāsana*

1. 손과 무릎을 바닥에 대고 네 발 기기 자세로 시작하라. 무릎 아래에 접은 타월이나 매트를 놓아서 무릎을 받쳐도 된다. 무릎이 수직으로 엉덩이 바로 아래에 있게 하라. 반드시 손목, 팔, 팔꿈치가 바닥에서 수직으로 일직선이 되게 하고, 어깨 바로 아래에 있게 하라. 바닥에 있는 손가락은 가능한 한 넓게 펴는데, 이때 양쪽 엄지손가락이 서로를 향해 가리키게 하라. 눈은 아래를 향하게 하고 등은 바닥과 수평이 되게 하라.
2. 숨을 내쉴 때 화난 고양이처럼 척추를 둥글게 굽혀라. 꼬리뼈부터 시작해서 천천히 점차적으로 움직인다. 마치 숨이 척추를 통해 위로 솟듯 움직이고 있어서 각 척추뼈를 차례로 재정렬

하고 있는 것처럼 느껴라.

3. 턱을 가슴 쪽으로 가져올 때에도 머리는 마지막에 내려져야 한다. 손과 무릎의 위치가 바뀌지 않았는지 그리고 팔꿈치가 여전히 곧게 펴져 있는지 확인하라.

4. 숨을 들이쉴 때 좌골을 들어 올리고 척추, 복부, 가슴을 바닥을 향해 내려라. 꼬리뼈에서부터 동작을 시작하여 위쪽으로 척추를 따라서 척추뼈 하나하나씩 움직여 나간다. 마지막으로 머리를 약간 위쪽을 향해 들어올려라. 목을 지나치게 압박하지 않도록 주의하라.

5. 15~20회 반복하라. 이때 호흡에 온전히 집중하라. 그런 다음, 원한다면 확장된 고양이 자세로 넘어간다.

확장된 고양이 자세

1. 손과 무릎을 바닥에 대고 네 발 기기 자세로 시작한다. 숨을 내쉴 때 척추를 천장을 향해 위쪽으로 둥글게 굽힌다.(고양이 자세의 2번)

2. 이 자세에서 꼬리뼈가 계속해서 몸을 뒤로 끌어당겨서 발꿈치 위에, 또는 편안한 만큼 발꿈치에 가깝게 앉아질 때까지 움직임을 계속하라. 반드시 천천히 움직이면서, 마치 숨이 척추를 통해 위로 솟듯 움직이고 있어서 척추뼈 각각이 차례로 재정렬하고 있는 것처럼 느껴라.

3. 이마를 바닥에 닿게 하는데, 팔을 곧게 일직선으로 뻗고서 손과 다리의 위치가 변화되지 않았는지 확인하면서, 머리를 마지막에 완만하게 내린다.

4. 숨을 들이쉴 때 앞을 향해 미끄러지듯 몸을 펴기 시작한다. 손보다 상체가 더 나

아가 가슴을 둥글게 위쪽과 뒤쪽으로 젖힐 때, 발등과 정강이가 바닥에 닿도록 유지하면서, 팔꿈치를 약간 굽혀서 몸통 옆으로 향하게 하고 복부를 가능한 한 바닥에 가깝게 하라. 그러면 윗등 부위에 뒤로 향한 좋은 아치가 만들어진다.

5. 호흡에 온전히 집중하면서 이 자세를 5~8차례 반복하라. 그런 다음, 중립 자세로 돌아와서 명상에 적합한 앉기 자세를 취하라.

도구를 활용해 단단하게 앉기

앞서 언급한 것처럼 명상하기 위해 앉았을 때 바른 정렬이 중요하다. 등을 똑바로 펴서 바닥과 수직이 되게 하고 무릎이 엉덩이보다 더 낮아지게 해야 한다. 등이 똑바르게 펴져 있고 무릎이 엉덩이보다 낮아지도록 하기 위해서, 쿠션 또는 요가 블록 위에 앉아 엉덩이를 약간 들어올려야 할 수 있다. 많은 사람이 명상을 도와주는 도구들을 필요로 한다.

이번에는 이 자세를 더 쉽게 취하는 데 도움이 되는 다양한 도구 활용법을 알아보자. 사람의 몸은 모두가 다르기 때문에 자신에게 가장 적합하고 효과적인 것을 발견하기 위해 약간의 실험이 필요할 수 있다.

매트 깔고 앉기

발, 발목, 무릎에 어떠한 압박도 주지 않으려면 딱딱한 바닥에 직접 앉지 않는 것이 가장 좋다. 대신, 무릎 덮개나 매트 또는 접은 담요를 바닥에 깔아라.

요가 수련자들은 요가 매트를 사용할 수 있는데, 1/3로 접어서 깔고 앉으면 좋다. 선(禪) 전통에서는 평평하고 충전재가 들어간 사각형의 전통 방석을 사용한다. 이 방석은 특히 명상 쿠션이나 스툴과 함께 사용하기 위해 디자인되었다.

쿠션이나 블록 깔고 앉기

쿠션이나 요가 블록을 사용하면 앉은 자세가 더 견고하고 편안할 수 있다. 이런 도움이 몸을 대단히 편하게 해 줄 것이다.

쿠션을 사용해 책상다리로 앉을 땐, 쿠션의 앞쪽에 엉덩이를 두고 앉아 쿠션 앞에 다리를 꼬아서 앉는 게 좋다. 이때 무릎이 바닥에 닿고 골반이 약간 앞쪽으로 말리게 하는 것이 바람직하다.

카우치나 소파에서 가져온 푹신한 쿠션들은 이상적이지 않다. 그것들은 앉았을 때 쉽게 납작해져서 적당한 높이나 지지력을 제공하지 못할 것이기 때문이다. 그러므로 쉽게 구할 수 있으면서도 전문적인 명상 방석들이나 요가 블록들 중에서 선택하는 것이 좋다.

높이

명상 쿠션들은 높이가 5~23센티미터까지 다양하다. 단 몇 센티미터의 차이가 순조로운 명상 경험과 발이 저리고 등이 쑤시는 명상 경험 사이의 차이를 만들 수 있다. 그러므로 자신에게 필요한 가장 알맞은 높이를 찾아 보자.

모양

여러 가지 유형의 받침대는 다양한 장점을 가지고 여러 자세에 유용할 수 있다. 그러므로 다양한 옵션들을 살펴보기를 권한다.

- **요가 블록**: 가벼운 요가 블록이나 단단한 요가 블록은 책상다리 자세나 무릎 꿇는 자세에서 높이는 받침대를 제공하는 데 적합하다. 또한 의자에 앉아 있다면 발을 얹어 놓는 용도로 사용할 수도 있다. 블록들은 쉽게 겹쳐서 쌓을 수 있기 때문에, 자신에게 필요한 만큼 이것들을 얼마나 많이 사용할지 선택할 수 있다.

- **초승달 모양의 쿠션**: 이 쿠션은 엉덩이와 다리를 적절히 넓게 받쳐 준다. 특히 편

안좌나 달인좌나 반연화좌 또는 연화좌로 앉기를 좋아하는 사람들에게 도움이 될 수 있다.(60~63페이지 참조)

- **원형 명상 쿠션**: 명상 방석으로 알려져 있는 이 쿠션은 전통적으로 선 명상에서 흔히 무릎 꿇는 자세로 수련할 때 사용된다. 그러므로 명상을 위해 무릎 꿇기를 좋아한다면 이런 유형의 쿠션을 사용해 보기를 좋아할 수도 있다. 또는 버마인좌를 선호한다면, 이런 유형의 쿠션의 가장자리에 앉아서 편안하게 바닥에 무릎을 놓을 수 있다.(61페이지 참조)

- **휠(Wheel) 쿠션**: 이 쿠션은 덜 푹신하므로 더 높은 또는 더 단단한 도구가 필요할 때 유용하다. 이것은 모든 책상다리 자세나 무릎 꿇은 자세에서 몸을 훌륭하게 받쳐 준다.

- **요가 볼스터**: 볼스터에는 명상 쿠션에 사용되는 충전재와 유사한 충전재가 들어 있어서 흔히 카우치에서 사용되는 쿠션보다 더 단단하다. 명상을 위해 무릎 꿇기를 좋아한다면, 요가 볼스터가 영웅좌에서 등을 곧바르게 펴서 앉을 수 있게 도와주는 이상적인 보조도구라는 사실을 알게 될 것이다.(65~66페이지 참조)

충전재

명상 쿠션의 높이와 모양에 더하여, 다른 중요한 요소는 충전재다. 예를 들어 메밀껍질은 현대의 수련자들 사이에서 가장 인기 있는 충전재다. 몸의 형태에 쉽게 맞아드는 한편, 몸을 견고하게 받쳐 주기 때문이다.

더 높은 받침대를 필요로 하거나 또는 더 긴 시간 앉아 있는 명상가들은 종종 케이폭(kapok)으로 채워진 쿠션을 선호한다. 케이폭은 판야나무 씨앗의 꼬투리에서 추출한 천연 섬유인데, 자연적으로 부드럽고 탄성이 있기에 극동 지역에서 수세기 동안 명상 쿠션들을 위한 전통적인 충전재 역할을 해 왔다. 케이폭 쿠션은 일반적으로 메밀껍질로 채워진 쿠션들보다 더 단단하므로, 덜 푹신하게 더 안정적으로 몸의 형태를 유지한다. 그렇지만 케이폭은 시간이 지나면 약간 압축되므로, 추가적으로 충전재를 더 넣어야 할 필요가 있을 수도 있다.

다른 일반적인 충전재는 울(wool)이다. 울은 압축되지 않고 내구력이 있으며 메밀껍질이나 케이폭과 비교했을 때 가볍다. 울 쿠션과 매트는 편안하고 몸의 순환을 촉진시키며 뛰어난 에너지 전도체다. 약점은 케이폭보다 덜 단단한 경향이 있다는 것이다.

또한 면과 폴리에스터 섬유로 채워진 저렴한 쿠션을 사용할 수도 있다. 그렇지만 이 쿠션은 빨리 납작해져서 자주 교체해야 하는 경향이 있다.

어떤 사람은 여행할 때 주로 쓰는 공기 주입식 쿠션을 사용하기 좋아한다. 하지만, 장기적으로는 그다지 편리하지 않고 몸을 아주 잘 받쳐 주지는 못하는 경향이 있음을 알아 두자.

명상 벤치

단좌 의자 또는 정좌 의자로 알려진 명상 벤치는 척추를 올바르게 세워 정렬된 상태를 유지하게 해 주고, 동시에 상체의 무게를 흡수하는 데 도움을 준다. 또한 발목을 보호하는 데 도움이 된다. 발목이 그 벤치 아래에서 압박 없이 쉴 수 있기 때문이다.

이 벤치는 매우 특별한 보조도구다. 진지하게 명상 수련을 발전시키고 싶지만 바닥에 앉거나 무릎을 꿇는 것이 너무 불편하다면 투자할 만한 가치가 있다.(67페이지 참조)

무릎과 발목 받치기

무릎에 부상을 당한 적이 있거나 책상다리로 앉을 때 고관절의 유연성이 충분하지 않아 불편하다면, 무릎 밑을 받쳐 줄 추가적인 도구를 마련하는 것이 도움이 될 것이다. 명상 쿠션에 앉아서 앞쪽의 바닥에 발을 교차하여 앉아 있을 때, 여분의 쿠션이나 둘둘 만 담요나 타월을 두 무릎 아래에 놓아 보라. 이렇게 하면 다리를 이완시켜서 자세를 취하는 데 도움이 될 것이다.

명상하는 동안 다리가 저린다면(특히 잘 발달된 종아리 근육을 가진 사람들 사이에서 흔한 증상이다.), 양 무릎 뒤에 돌돌 만 수건 같은 것을 놓아 보라. 이렇게 하면 무릎이 굽혀진 각도가 커지게 되어서 덜 불편하게 앉아 있을 수 있다.

다리를 교차했을 때 두 발목이 서로 파고들어 가고 있다는 것을 알게 되면, 두 발목 사이에 완충재로 수건 등을 놓을 수 있다. 또한 각 발목 아래에도 돌돌 만 손수건 등을 놓는 것이 도움이 된다는 사실을 알게 될 수도 있다.

덧붙여, 나는 당신이 다리를 어디에서 교차할지 약간 실험해 보기를 권한다. 어떤 사람들은 다리를 정강이에서 교차하는 것보다 발목에서 교차하는 것이 더 편안하다고 느끼기도 한다.

Chapter 4

몸을 풀어 주는 스트레칭과 요가 아사나

“행위하려는 몸의 타고난 경향성을 줄이고,
무한한 것에 마음을 고정시킴으로써
명상 자세는 통달된다.”

— 파탄잘리, 『요가 수트라』, 2.47

“안정적인 자세, 양호한 건강,
몸의 가벼움을 얻기 위해서
아사나를 수행해야만 한다.”

—스와트마라마, 『하타 요가 프라디피카』, 1.17

명상에 적합한 몸 만들기

수년간 가르치면서 명상 수련을 진전시키기를 원하는 사람들이 실제로 수련하지 않는 주된 이유가 앉는 자세가 육체적으로 불편하다고 느끼기 때문이라는 사실을 알게 되었다. 그러므로 이 장에서는 더 편안하게 앉을 수 있도록 도와줄 수 있는 다양한 스트레칭과 요가 자세를 소개한다.

산스크리트로 아사나(Āsana)라고 알려진 요가 자세들은 이 순간에 온전히 존재하고 몸에 안정적으로 자리 잡아 단단히 근거를 둔다는 관념에 뿌리를 가지고 있다. 요가 자세들은 정신적 능력을 계발하고 의식을 확장시키며 안정적인 명상 수련을 발달시키는 데 도움을 준다. 건강과 체력은 규칙적인 수련의 바람직한 부산물이지만, 요가의 진짜 목표는 명상으로 성취되는 내적인 평화다. 게다가 요가 자세 수련은, 특히 지속적으로 마음을 호흡으로 가져와서 현재 순간에 머무른다면, 일종의 명상일 수 있다.

스트레칭이나 요가 동작을 할 때는 안정적인 자세에서 천천히 움직이는 것이 가장 좋다. 빠르게 움직이면 근육에 젖산이 쌓여서 피곤하고 뻣뻣하다고 느끼게 되는데, 이때 충분한 호흡으로 세포 속으로 유입되는 산소량을 늘리면 젖산을 중화할 수 있다. 이것이 요가 자세를 할 때 일반적으로 호흡 자각을 수반하는 이유들 중 하나다. 명상에서 호흡의 역할에 대해서는 5장에서 더 자세하게 다룰 것이다.

각각의 요가 자세는 침술이나 지압에서와 마찬가지로 몸의 특정 부위들에 압력을 가한다. 이때 호흡을 도구로 삼아 마음을 이용해서 몸에 대한 통제력을 발달시킬 수 있다. 자세를 유지할 때 숨을 몸 안으로 깊이 들이쉰다. 어떠한 긴장이 느껴진다면 그곳에 초점을 맞추고서 의식적으로 그 긴장을 몸 바깥으로 '내보낸다.'

요가는 다른 운동들처럼 에너지를 연소시키고 탈진하기보다는 오히려 시작할 때보다 기운이 나고 더 활기차다고 느끼게 하는 경향이 있다. 요가 동작이 근육에 쌓인 긴장을 놓아 버리게 할 수 있기 때문이다. 또한 요가 자세를 수련하면 에너지의 막힘을 풀어 준다. 그러므로 이전에 막혀서 고여 있던 에너지를 다시 사용할 수 있게 도와준다.

요가 자세는 단지 근육과 관절뿐 아니라 몸의 모든 면에 작용한다. 내부 기관들을 마사지하고 순환을 촉진하며 호흡을 개선한다. 또한 마음을 더 안정되고 더 집중되며 명상에 준비되게 한다.

명상 경험을 최적화하기 위해, 이 장에 있는 다양한 스트레칭과 요가 아사나 동작을 검토해서 자신의 유연성과 운동 경험에 적합한 것을 선택하기 바란다. 각각의 수련 단계별로 개개인에게 최고로 효과적인 특정한 동작이 있다는 사실을 알게 될 것이다.

수련을 계속 진행 중인 탐구라고 생각하라. 수련의 핵심은 규칙성이다. 오직 스트레칭과 요가 자세를 몸소 수련함으로써만 그 유익함들을 거두기 시작할 것이다.

일반적인 요가 아사나 가이드라인

- 시작하기 전에 잠시 눈을 감아라. 그리고 충분한 알아차림과 함께 깊게 호흡하라.
- 시작하기 전에, 특히 몸이 뻣뻣한 경향이 있는 이른 아침에 수련하고 있다면, 몸을 부드럽게 워밍업하라. 손가락을 축 늘어지게 두고 손목에서부터 손을 흔들면서 몸을 풀어 주라. 또한 어깨를 원형으로 앞으로 회전한 다음, 뒤로 회전하라.
- 어떤 자세를 시도하기 전에, 반드시 그 자세의 동작에 대한 이론을 이해해야만 한다.
- 몸을 한쪽으로 스트레칭한 다음, 반대쪽으로도 그렇게 하라.
- 주저하거나 에너지를 아끼려 하지 마라. 자신에게 관대하라. 수련에 더 많은 에너지를 쏟을수록 더 많이 돌려받게 될 것이다.
- 다른 사람과 자신을 비교하려 하지 마라. 대신, 자신의 경험이 다른 모든 사람과의 차이를 만든다는 사실을 알고서, 현재 있는 곳에서 현재 가진 것으로 노력하라.
- 각 자세에 천천히 점진적으로 들어가되, 주의를 기울여 각각 움직임을 의식적으로 느끼려 노력하라.
- 억지로 어떤 자세를 만들려고 애쓰거나 부주의하게 움직이려 하지 마라.
- 처음에는 보다 짧은 시간 각 동작을 수련하라. 그런 다음, 도움이 된다고 느끼면 점진적으로 시간을 늘려라.
- 팔을 뻗을 때는 손이 닿을 수 있는 거리보다 약간 더 멀게 뻗으라. 그러나 통증을 느끼기 전에 멈추라.
- 각 자세를 유지하면서 깊게 호흡하라. 호흡을 사용해 자세의 긴장을 풀어내라.
- 각 자세를 유지할 때 이따금 몸을 점검하라. 어디에서든 긴장이나 불편함을 느낀다면 의식적으로 그것을 내보내려 하라.
- 이 장에 수록된 대부분의 동작에서 나는 자세를 유지하는 동안 깊은 호흡을 몇 번 해야 할지 제안한다. 이것이 대개 시계나 타이머를 보는 것보다 더 쉽다.
- 수련을 즐겨라!

목의 불편함 다루기

오늘날 많은 사람이 목과 머리가 앞으로 내밀어져 있는 자세로 고통받는다. 이런 체형은 거북목, 아이패드 목, 너드 목으로 언급되기도 한다. 이것은 머리를 어깨보다 앞으로 내밀어 유지하는 습관에 의해 발생하는 경향이 있다. 특히 컴퓨터에서 긴 시간을 보내거나 휴대폰을 아래로 내려다봄으로써 생기기 쉽다.

이러한 거북목 증후군은 목과 등의 근육이 머리를 똑바로 유지하기 위해 더 열심히 일하게 만든다. 머리의 무게가 4.5~6.35kg인 점을 고려하면 상당한 부담이라는 점은 쉽게 예상할 수 있다.

이상적으로는 머리가 앞으로 내밀어지지 않고, 귀가 어깨 바로 위에 위치해야 한다. 또한 섰을 때 어깨는 엉덩이와 일직선상에 있어야 한다. 머리가 앞으로 3센티미터 내밀어질 때마다 목의 근육과 인대가 받는 압박은 두 배씩 증가한다고 한다. 이러한 압박은 척추에 더 많이 가해져서 추간판들이 과도하게 마모되거나 찢어질 가능성을 높인다.

태블릿과 휴대폰을 사용하다 보면 어깨가 굽어지거나 턱이 떨어지는 경향이 있다. 이러한 자세로 있는 시간이 길어지게 되면 척추 윗부분의 자연적인 커브를 잃어버릴 수 있다. 그러면 등의 통증과 부적절한 호흡 패턴뿐만 아니라 목에 추가적인 압박을 낳을 수 있다. 이 문제들은 앉아서 명상을 하려 할 때 지나치게 두드러지게 된다.

그러므로 명상을 할 때 목의 이상이나 불편함으로 고통받거나 또는 머리가 앞으로 숙여져 있어서 명상하는 동안 땅을 보고 있는 자신을 발견한다면, 다음의 동작들이 도움이 될 것이다.

별도의 다른 언급이 없는 한, 이 자세들은 앉거나 무릎을 꿇거나 또는 서서 수련할 수 있다. 그리고 컴퓨터나 태블릿 또는 스마트폰을 규칙적으로 사용한다면, 매일 이런 자세를 반복하는 것이 유용할 수 있다.

머리 좌우로 흔들기

목의 긴장을 푸는 데 도움이 되는 간단한 방법 중 하나는 10~15초간 좌우 양쪽으로 머리를 흔드는 것이다. 마치 인도 볼리우드 영화 속 인물처럼 말이다. 매일 컴퓨터 앞에 앉아서 일한다면 화면과 키보드에서 눈을 떼는 것이 도움이 될 수 있다. 한 시간 마다 이 동작을 반복해 보라.

머리 끄덕이기 "예"

목에 쌓이는 긴장을 막는 간단한 방법은 부드럽게 머리를 위, 아래로 끄덕이는 것이다. 가끔 그저 키보드에서 손을 떼고서 머리를 끄덕이는 동작을 하면서 미소를 지어 보라.

1. 마치 "예"라고 말하고 있는 것처럼 머리를 5~10차례 부드럽게 위, 아래로 끄덕여라.
2. 가슴이나 어깨를 움직이지 않고, 천천히 머리를 오른쪽으로 돌리면서 계속 머리를 끄덕여라. 오른쪽 어깨 너머로 여전히 머리를 끄덕이며 시선을 내다본다.
3. 머리를 중앙으로 돌리면서 계속 머리를 끄덕인다. 왼쪽으로 반복하고 다시 머리를 중앙으로 돌려라.
4. 양쪽으로 2~3차례 반복하라.

머리 가로젓기 "아니요"

모든 방향에 대한 목의 운동성을 높이기 위해서 머리로 "예" 움직임을 한 후에 "아니요" 움직임을 하라.

1. 반드시 머리를 똑바르게 세운다. 그리고 턱을 바닥과 평행이 되게 유지하면서, 마치 "아니요"라고 말하고 있는 것처럼 머리를 좌우로 부드럽게 흔들어라.
2. 머리를 계속 흔들면서 서서히 고개를 들어 천장을 본 다음, 서서히 숙여 바닥을 보라.
3. 이 움직임을 2~3차례 반복하고서, 쇄골절흔(두 쇄골이 만나는 곳에 있는 V자 모양의 지점)에 턱을 얹으며 끝내라. 그런 후에 머리를 중립 위치로 되돌려라.

쇄골에 초승달 그리기

물 흐르듯 부드럽게 움직이는 이 동작은 일련의 미세한 목 움직임을 통해 상체에 있을지도 모르는 모든 긴장을 완화하는 데 매우 효과가 있다.

1. 턱을 쇄골절흔(두 쇄골이 만나는 곳에 있는 V 자 모양의 지점)에 가능한 한 가깝게 낮춘다. 이때 반드시 어깨가 구부러지지 않게 하라.
2. 쇄골을 따라서 초승달 모양으로 턱을 부드럽게 왼쪽으로 움직인 다음, 오른쪽으로 움직여라.
3. 양쪽에 2~3차례 반복하라. 그런 다음, 머리를 중앙으로 되돌린다.

머리 앞뒤로 숙였다 젖히기

이를 악물거나 특히 수면 중에 이를 가는 습관을 가진 사람이 의외로 많다. 이 때문에 턱과 목에 긴장이 쌓여 있다. 이 부드러운 동작은 매우 핵심적인 이완을 촉진한다.

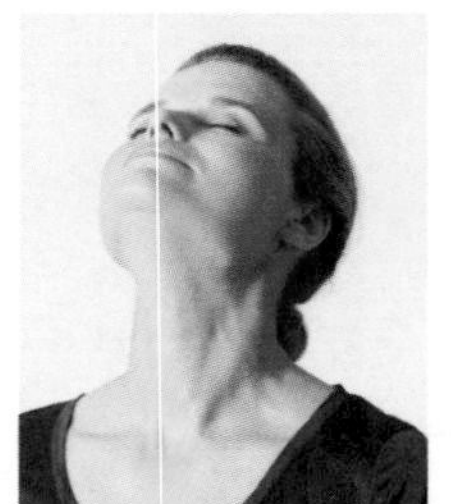

1. 등을 똑바르게 유지하고 턱이 쇄골에 닿을 정도로 머리를 아래로 가슴을 향해 내려라. 뒷목에 숨을 들어가게 하고 목과 턱이 이완되게 두라. 2~3호흡 동안 이 자세를 유지하면서, 반드시 어깨가 앞으로 굽어지기 시작하지 않도록 하라. 머리 무게가 목의 긴장도 풀어 주는지 확인하라.
2. 턱을 들어서 머리를 천천히 뒤로 젖히는데, 억지로 너무 과하게 하지 않도록 주의하라. 입술을 부드럽게 닫아서 앞니를 닿게 하고, 여기서 2~3차례 호흡하라.
3. 앞뒤로의 움직임을 3~4차례 반복하라. 마지막에 머리를 뒤로 젖히고 입을 크게 벌려 가능한 한 깊게 하품을 해서 목의 긴장을 풀어 주라. 그런 다음, 머리를 똑바른 자세로 되돌려라.

변형

머리를 젖힌 동안에 입술을 오므리고 '천장과 키스'하고 있다고 상상해 보라. 목 앞부분의 긴장을 감소시키기 위해서 4~5차례 키스를 하라.

머리와 목에 대한 자각을 높이는 스카프 활용법

명상하는 동안 목과 머리의 정렬에 대해 더 자각하게 하는 한 가지 방법은 목에 스카프를 느슨하게 감는 것이다. 이렇게 하면, 명상 중에 머리가 앞으로 숙여지기 시작할 때 턱이 스카프에 닿는 것을 느낄 것이다. 이런 일이 생기면 그저 턱을 다시 똑바르게 하면 된다. 반드시 턱이 바닥과 평행하게 그리고 귀가 어깨 바로 위에 있게 하라. 마치 정수리를 하늘을 향해 들어 올리고 있는 것 같은 느낌이 들어야 한다.

목 양옆으로 늘리기

이 스트레칭은 목이 뻣뻣하거나 압박감을 느낄 때 특히 효과적이다. 이 동작은 척추의 척추뼈 사이에 공간을 만들어서 목이 스트레칭되는 느낌을 가져다준다.

1. 반드시 머리를 똑바르게 세운다. 귀가 어깨 바로 위에 정렬되어 있고, 정수리가 바로 세워진 자세다.
2. 머리가 비틀어지지 않게 유지하면서 왼쪽 귀를 왼쪽 어깨를 향해 내리고 목의 오른쪽 측면을 스트레칭하라. 이때 어깨가 올라가지 않게 하라.
3. 왼손을 머리 위로 가져가서 오른쪽 귀를 잡거나 가능한 한 귀 가까이에 손이 닿을 수 있는 곳을 잡아라. 목의 오른쪽 측면으로 숨이 들어가게 하면서 2~3차례 숨을 쉰다. 자세를 유지하면서 목이 늘어나고 척추를 따라서 있는 근육이 이완된다고 심상화하라.

4. 그런 다음, 반대쪽도 똑같이 실시한다. 오른쪽 귀가 오른쪽 어깨를 향해 가도록 하라.

견갑골 풀어 주기

목과 등의 윗부분 또는 견갑골 영역의 불편함으로 고통받고 있다면, 견갑거근 즉 어깨뼈를 들어 올리는 근육들이 뭉친 상태일 수 있다. 책상 앞에 앉아서 하는 일을 하면 이 근육들은 서서히 더 뭉치기 쉽다. 하지만, 다음의 스트레칭을 규칙적으로 수련하면 이 근육들을 풀어 줄 수 있다.

1. 오른쪽 팔꿈치를 굽혀서 팔을 허리 높이에서 등 뒤로 가져가라.
2. 머리를 약간 왼쪽으로 돌리고 왼쪽 겨드랑이를 향해서 턱을 떨어뜨려라.
3. 3~5차례 깊은 호흡을 하는 동안 이 자세를 유지하고, 반드시 어깨가 올라가지 않게 하라.
4. 머리를 중앙으로 돌리고, 반대쪽으로도 이 동작을 반복하라.
5. 양쪽으로 2~3차례 반복하라.

반 비틀기 자세

아르다-맛시옌드라사나 *Ardha-Matsyendrāsana*

반 비틀기 자세는 목에 위치한 일곱 개의 경추와 상부 흉추의 긴장을 풀어 준다.

1. 바닥에 앉아 다리를 앞으로 쭉 뻗고, 오른쪽 무릎을 굽혀서 오른발을 왼쪽 무릎 바깥쪽에 내려놓아라.

2. 왼손을 오른쪽 무릎이나 허벅다리에 놓고, 가슴, 어깨, 머리를 가능한 한 많이 오른쪽으로 회전하라.

3. 바닥에 있는 오른손을 등 뒤쪽 바닥에 놓고, 오른쪽 어깨를 위, 뒤, 아래로 회전하여 최대한 비틀어라. 반드시 척추를 바닥과 수직이 되게 유지하면서 기울어지거나 찌그러지지 말아야 한다. 2~3차례 호흡을 하는 동안 자세를 유지하라.

4. 가슴과 어깨를 가만히 유지하면서, 천천히 머리를 반대로 돌려 왼쪽 어깨 너머를 가능한 한 멀리 보라. 그런 다음, 머리를 돌려서 다시 오른쪽 어깨 너머를 보라. 이러한 머리 움직임을 양방향으로 3~4차례 반복한다. 반드시 턱이 바닥과 평행한 상태를 유지하게 하라.

5. 몸을 중앙으로 되돌려서 양쪽 다리를 쭉 뻗은 채 정면을 보라. 그런 다음, 반대쪽으로도 이 비틀기 동작을 반복하라.

변형

이 동작을 의자에 앉아서 수련할 수도 있다. 이 경우에 머리를 뒤로, 앞으로 돌릴 때 가장 가까운 손으로 의자의 등받이를 잡는 것이 좋다.

목 근육 강화하기

목에 쌓인 긴장을 풀어 주기 위한 목 근육 스트레칭에 더하여, 이 동작은 목 근육을 강화하는 데 도움이 된다. 명상하기 위해 앉아 있을 때 더 쉽게 머리를 똑바르게 세울 수 있을 것이다.

1. 왼쪽 손바닥을 머리의 왼쪽 측면에 평평하게 대라. 2~3차례 호흡하는 동안 손으로 누르면서 머리로 저항하라. 이때 머리는 어느 쪽으로도 움직이지 말아야 한다.
2. 오른쪽 손바닥을 머리의 오른쪽 측면에 대고서 반복한다.
3. 그런 다음, 한 손바닥을 이마로 가져가 평평하게 대라. 2~3차례 호흡을 하는 동안 손으로 뒤로 밀면서 머리로 저항하라.
4. 손가락을 깍지 껴서 머리 뒤로 가져가라. 2~3차례 호흡을 하는 동안 손으로 머리를 앞쪽으로 밀면서 머리로 저항하라. 그런 다음, 손깍지를 풀어라.

턱의 긴장 풀기

이 동작은 평소 턱에 긴장을 많이 하고 있다면, 특히 잠자는 동안 이를 악무는 습관이 있다면, 큰 도움이 될 것이다. 턱에 쌓인 스트레스를 풀어 줄 뿐만 아니라 명상하는 동안 근육들을 이완된 상태로 유지시켜 줄 것이다.

1. 혀끝으로 앞니 바로 뒤의 입천장을 가볍게 눌러라. 그리고 입을 계속 다물고서 코로 숨을 깊게 들이쉬고 내쉬어라.
2. 한 손으로 턱을 잡고, 다른 손으로 굽힌 팔꿈치 아래를 받쳐서 반드시 아래턱이 움직이지 않는 상태로 만들라.
3. 여전히 턱을 잡고서 위턱을 다시 들어 올리고 머리가 아주 작은 움직임으로 좌우로 부드럽게 흔들리게 하라. 이렇게 할 때 아래턱 위턱 그리고 척추 윗부위에 긴장이 풀리는 것을 느껴라.

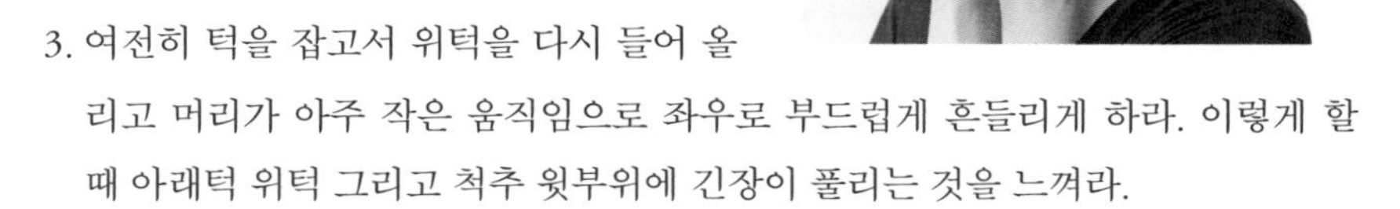

턱 뒤로 당기기

이 동작은 명상을 시작하기 직전에 하면 매우 좋다. 왜냐하면 척추 윗부분과 목의 건강한 정렬을 보장하기 때문이다. 명상 중에 머리가 앞으로 숙여지는 경향이 있다면 이 동작을 하는 것이 특히 중요하다.

1. 선호하는 명상 자세로 앉아서 복부를 약간 안으로 당기고 두 개의 손가락을 턱에 얹고 편안한 만큼 머리를 뒤로 밀어라. 머리가 대각선 뒤로 기울어지게 되기보다는 반드시 수평으로 미끄러지듯 뒤로 움직이게 하라. 그리고 턱이 들리지 않도록 턱의 높이를 수평으로 유지하라. 귀는 어깨 바로 위에 있는 것이 가장 좋다. 처음에는 이 자세가 마치 이중 턱을 만들려 하는 것처럼 어색하게 느껴질 수 있다.
2. 시선은 바닥과 수평을 유지하고 표정은 계속 부드럽게 유지하라. 오직 머리와 목만 움직이고 있다는 사실을 기억하라. 이 동작을 할 때 상체를 뒤로 젖히지 마라. 목의 뒷부위가 길게 늘어나고 머리가 위쪽으로 올라가는 것을 느껴라.
3. 준비가 되었으면 자세를 풀고, 명상을 시작하라.

사자 자세

싱하사나 *Simhāsana*

사자 자세는 목과 얼굴 그리고 눈의 긴장을 풀어 주는 요가 자세다. 이 자세는 이른 아침에 떠오르는 태양을 바라보면서 수련할 때 특히 유익하다.

1. 무릎을 꿇고 손바닥을 허벅다리에 얹고 깊게 숨을 들이쉬어라.
2. 숨을 내쉴 준비가 되면, 입을 크게 벌리고 혀를 가능한 한 멀리 내밀며 "아~" 소리와 함께 폐에 있는 모든 공기를 강제적으로 내쉬어라. 동시에 먹이를 향해 막 뛰어오르는 사자처럼 앞으로 튀어 올라라. 다시 말해, 엉덩이 아랫부위를 약간 들어 올리고 팔을 곧게 쭉 뻗고 몸을 빳빳하게 하고 허벅다리 위의 손가락을 쫙 펴서 '발톱'을 만들어라. 이때 정강이는 계속 바닥을 누른다.
3. 눈을 부릅뜨고 시선은 코끝을 향해라.
4. 편안하다고 느끼는 한 길게 숨을 내쉬면서 이 자세를 유지하라. 그런 다음, 준비가 되면 발꿈치에 앉아서 이완하고 잠깐 동안 평소대로 호흡하라.
5. 2~5차례 반복하라.

어깨와 등의 긴장 다루기

오늘날 많은 사람이 컴퓨터나 자동차 운전석에서 구부정한 자세를 장시간 유지하여 굽은 등과 구부정한 어깨로 고통받는 경우가 많다. 어깨가 정상보다 더 앞쪽에 위치하게 되면 윗등에 긴장이 쌓인다. 그리고 거북목 증후군을 초래하고 윗등의 굽은 정도를 증가시키는 경향이 있다. 아주 심한 경우에는 흉추후만증(버섯증후군) 또는 흉추후만이 될 수 있다.

매일 요가를 하는 부지런한 수련자나 매주 몇 시간씩 체육관에서 운동을 하는 사람이라도, 직장에 가 있는 더 많은 시간 동안 책상이나 휴대용 컴퓨터 앞에서 몸을 움츠리고 있을 수 있다. 그러면 어깨가 굽고 윗등이 긴장된 상태로 굳어져 있게 된다. 이는 등 근육이 심하게 잡아 늘여지고 약해진 반면, 반대되는 윗가슴 근육은 점차 더 팽팽해지고 짧아져 있음을 의미한다.

지나치게 부드러운 매트리스에서 자면 문제를 악화시킬 수 있다. 전 세계 인구의 대략 20퍼센트 정도가 윗등 통증을 경험한 적이 있다고 하는데, 이러한 사람들에게는 일반적으로 단단함이 중간 정도인 매트리스가 가장 좋다.

굽은 어깨와 그로 인한 윗등의 긴장은 불편하고 미적으로 바람직하지 않을 뿐만 아니라 명상하기 위해 편안하게 앉을 수 있는 능력에도 부정적인 영향을 미친다.

이어지는 동작들은 보통의 자세뿐만 아니라 명상을 하면서 편안히 앉을 수 있는 능력을 향상시켜 준다. 늑골들이 붙어 있는 열두 개의 척추를 부드럽게 이완해 보자. 가슴 부위의 유연성이 높아지고 강화될 것이다.

어깨 돌리기

간단한 어깨 돌리기를 규칙적으로 하면, 컴퓨터 앞에 앉아 있을 때도 윗등이 뭉쳐서 발생하는 모든 불편함을 완화할 수 있다.

1. 앉거나 무릎을 꿇고서 양손을 두 허벅다리 위에 견고하게 놓고, 손가락을 이완시켜 약간 벌려서 펴라.
2. 손을 움직이지 않고서 한쪽 어깨를 귀 쪽으로 들어 올릴 때 숨을 들이쉬어라. 어깨를 천천히 뒤쪽으로 멀리 회전하며 돌릴 때 숨을 내쉬어라. 5~10차례 돌린 후에, 방향을 바꾸어서 앞쪽 방향으로 5~10차례 돌려라.
3. 그런 다음, 반대쪽 어깨로 반복하라.

팔 스트레칭

여러 방향으로 팔을 스트레칭하면 어깨와 윗등 부위의 긴장을 푸는 데 도움이 된다. 이 동작은 팔뿐만 아니라 몸에 쌓인 긴장들을 많이 풀어 주기 때문에 크게 하품을 하고 싶어질 수도 있다.

- **앞쪽으로**: 양손을 가슴 앞에서 맞잡고서 깍지를 껴라. 손바닥이 몸의 앞쪽을 향하도록 반대 방향으로 양손을 돌리고 팔꿈치를 곧게 펴고 팔을 앞으로 쭉 뻗는다. 손이 자신으로부터 멀어지도록 밀어서 한껏 스트레칭을 해라. 이렇게 할 때 반드시 몸통이 앞으로 기울지 않게 하라.
- **위쪽으로**: 손깍지를 계속 낀 채 팔을 머리 위로 든다. 손바닥을 천장을 향해 위쪽으로 스트레칭하라. 머리가 앞으로 숙여지지 않게 알아차리면서, 가능하다면 팔

을 귀 뒤쪽으로 가져가라.

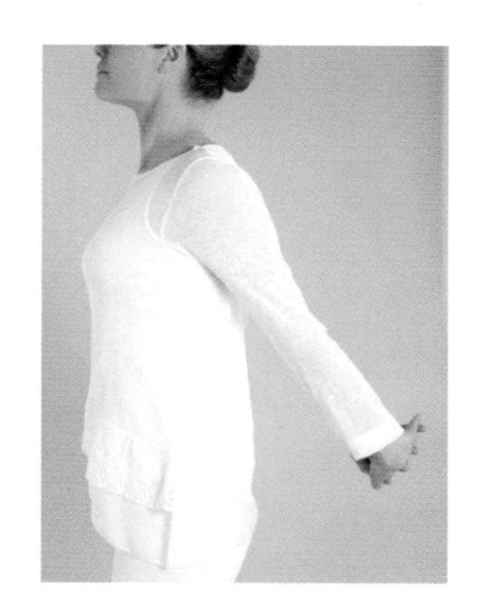

- **뒤쪽으로**: 양손을 등 뒤로 가져가서 손깍지를 껴라. 그리고 두 견갑골이 가깝게 모이게 하라. 몸통이 앞으로 기울지 않으면서 뒤에서 가능한 한 높게 팔을 위로 올린다. 이때 머리는 계속 곧추세워져 있어야 한다. 몇 번의 호흡 동안 유지하라. 그런 다음, 깍지 낀 손을 풀고 반대쪽 엄지손가락이 위에 오도록 다시 깍지를 껴라. 그리고 이 스트레칭을 반복하라.

어깨 스트레칭

이 간단한 스트레칭 동작은 명상할 때 편안히 앉아 있기 위해서 팔과 어깨를 풀어 주는 것뿐만 아니라, 책상이나 컴퓨터 앞에 앉아서 장기간 움츠려 있어서 발생되는 긴장을 푸는 데 도움이 된다.

1. 가슴 앞에서 왼팔을 들고서 팔꿈치를 굽혀라. 그러면 왼손의 손가락들이 위쪽을 가리킨다. 오른손으로 왼쪽 팔꿈치 아래를 감싸고 왼팔을 가슴 쪽으로 부드럽게 당겨서 몸에 가깝게 유지하라.
2. 3~5차례 호흡을 하는 동안 유지하고 팔을 푼다. 그런 다음, 2~3차례 반복하라.
3. 반대쪽으로도 2~3차례 반복하라.

곰 포옹하기

어깨 스트레칭을 한 후, 윗등과 어깨의 유연성을 더 향상시키기 위해서 이 동작을 수련하면 큰 도움이 된다.

1. 오른손으로 왼쪽 어깨의 바깥쪽을 잡고, 왼팔을 오른팔 아래로 가져와서 가능한 만큼 왼손으로 오른쪽 어깨를 감싸고 자신을 껴안아라. 두 팔꿈치는 알맞게 포개져야 한다.
2. 두 팔꿈치를 모은 상태로 유지하면서 몸 앞에서 가능한 한 높게 두 팔꿈치를 올리려 하라.
3. 이렇게 3~5차례 수련하라. 그런 다음, 팔과 어깨를 풀고 털어 준다.
4. 왼팔이 위로 오게 해서 이 동작을 반복하라.

등 뒤에서 팔꿈치 감싸기

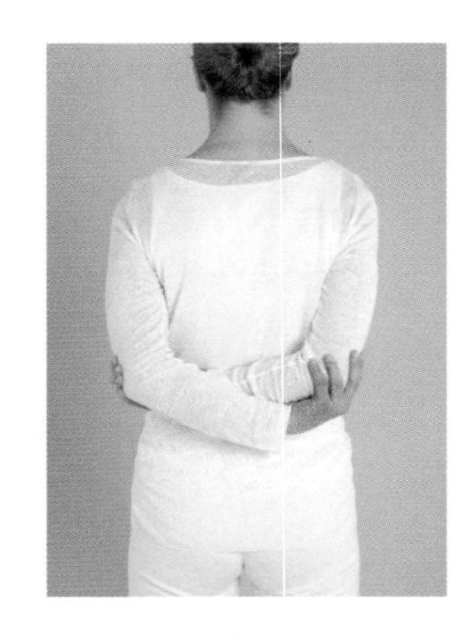

이 동작은 어디에서든, 심지어 열차를 기다리거나 슈퍼마켓에서 계산할 때도 할 수 있는 윗등과 주변을 풀어 주는 간단한 스트레칭이다.

1. 양손을 바닥을 향해 떨어뜨린 채 두 팔을 등 뒤로 가져가라. 오른쪽 팔꿈치를 굽혀서 오른손으로 왼쪽 팔꿈치를 잡으려 하고 2~3차례 깊게 호

흡하라.

2. 그런 다음, 왼쪽 팔꿈치를 놓지 않고서 왼쪽 팔꿈치를 굽히고 왼손으로 오른쪽 팔꿈치를 잡으려 하라. 그리고 2~3차례 깊게 호흡하라. 손이 잘 닿지 않더라도 걱정하지 마라.
3. 두 팔꿈치를 풀어 주고 어깨를 앞쪽으로 3~4차례 돌린 다음, 뒤로 돌려라.
4. 등 뒤에서 왼쪽 팔꿈치를 먼저 굽혀서 반대쪽으로도 이 동작을 반복하라.

스트랩 스트레칭

이 스트레칭은 앞서 설명한 것보다 강도가 약간 더 높은데, 그만큼 더 효과적이고 유익하다. 요가 스트랩이나 벨트 또는 타월 등을 활용할 수 있다.

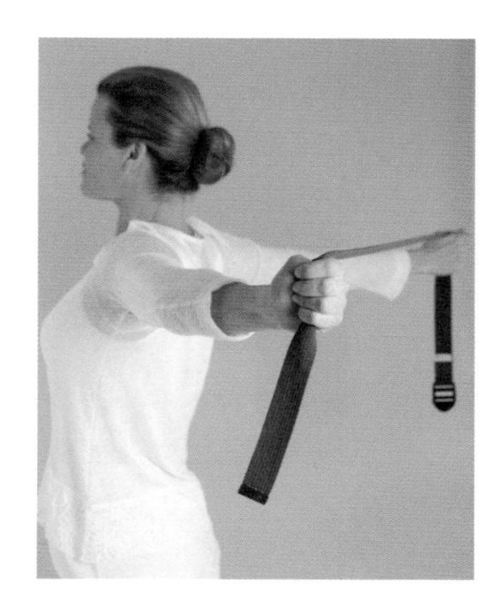

1. 두 손을 어깨너비보다 약간 넓게 벌려서 스트랩을 팽팽하게 잡고, 머리 위로 팔을 곧게 들어 올려라.
2. 스트랩을 몸 뒤로, 가능하다면 어깨높이까지 내려라. 많이 내려가지 못한다고 하더라도 걱정하지 마라. 어깨가 스트레칭이 잘 된다고 느낄 수 있을 정도로 손은 충분히 벌려야 한다. 그다지 넓지 않아서 고통스러우면 손의 위치를 조정할 필요가 있을 수도 있다.
3. 이렇게 어깨 뒤쪽으로 스트랩을 잡고서 5~8차례 호흡을 하라. 그런 다음,

다시 팔을 머리 위로 들어 올려라.

4. 뒤로, 위로 하는 이 움직임을 2~3차례 반복하라. 그런 다음, 이완하라.

W-스쿼트

이 스트레칭은 똑바로 서거나 앉기를 원하는 누구나 할 수 있는 단순한 동작이다. 등 전체 근육을 활성화시켜 줄 것이다.

1. 똑바르게 서서 엉덩이 너비보다 넓게 발을 벌려라. 그리고 발가락을 45도 각도로 바깥쪽으로 열어라.
2. 양쪽 무릎을 바깥쪽으로 굽혀서 가능한 한 쪼그려 앉아라. 그리고 등을 곧게 하고 꼬리뼈를 아래로 말아 넣은 상태를 유지하라. 무릎이 안쪽으로 쏟아지지 않으려 노력하라.
3. 동시에 두 팔꿈치를 굽혀서 약간 아래로 내려라. 그러면 팔의 자세가 'W' 모양이 될 것이다. 두 팔꿈치를 어깨 아래로 내리지만, 어깨의 앞쪽도 아니고 뒤쪽도 아닌 일직선상에 있게 하라. 이때 손가락은 위쪽을 가리키게 하고, 손바닥을 안쪽으로 향하여 서로 정면으로 마주 보게 한다. 목과 얼굴이 액자에 끼워진 것처럼 되면 맞는 자세다.
4. 이 자세에서 양쪽 견갑골을 꽉 조이면서 어깨를 낮추고 유지하면서 5차례 호흡하라. 이 동작을 할 때 반드시 머리가 앞으로 숙여지지 않게 하라.

5. 다리를 펴고 스쿼트에서 나올 때 팔을 풀어 주라. 그런 다음, 총 5차례 이 동작을 반복하라.

팔 크게 돌리기

많은 사람이 팔과 어깨에 과한 긴장을 가지고 있는데, 이 동작은 팔에 쌓인 긴장을 완화하는 데 유용한 동작이다. 동작을 하고 난 후에 팔이 더 길어지고 더 이완되며 더 움직이기 쉽다고 느껴질 것이다.

1. 몸의 한 측면을 벽에 붙이고 서서, 발과 엉덩이 그리고 어깨가 모두 벽에 닿아 있는지 확인하라.
2. 벽에 닿은 쪽 팔을 할 수 있는 한 높게 들어 올려서 손바닥을 평평하게 벽에 대라.

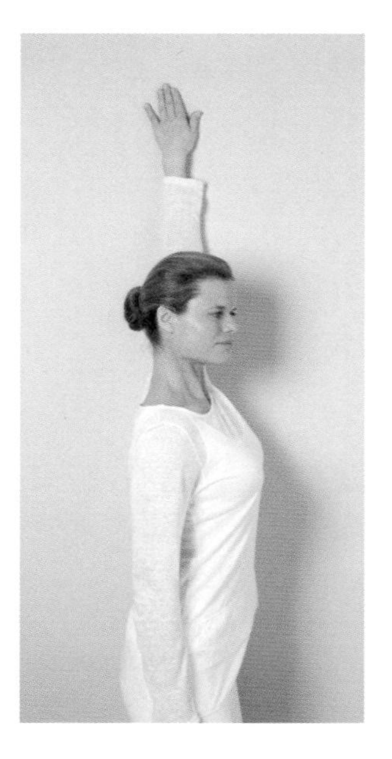

3. 몸통이 움직이지 않게 하면서 벽에 큰 활 모양을 그리듯이 천천히 손을 뒤쪽으로 움직여라. 마치 시곗바늘이 12시에서 6시를 향해 거꾸로 움직여 가는 것처럼 심상화하라. 가슴이 계속 정면을 향하게 하려고 노력하라. 그러나 약간 벽 쪽을 향하게 돌아간다더라도 걱정하지 마라.

4. 그런 다음, 몸을 반대 방향으로 돌려서 다른 쪽 팔로 이 동작을 반복하라.

바늘에 실 꿰기

이 동작은 네 발로 기어가는 자세에서 몸을 비트는 간단한 동작이다. 어깨와 가슴 근육을 여는 데 도움이 된다.

1. 담요나 매트 위에 손과 무릎을 대고 기어가는 자세를 취하라. 무릎을 엉덩이 너비로 벌리고 손바닥도 평평하게 바닥에 대라. 이때 손은 어깨 아래에 있고 팔꿈치는 곧게 펴져 있어야 한다.

2. 숨을 들이쉬면서 왼팔을 천장을 향해 위로 곧게 스트레칭하고, 지탱하는 오른팔도 곧게 뻗은 상태를 유지하라.

3. 숨을 내쉬면서 왼팔을 오른팔 아래로 넣고 왼쪽 어깨와 왼뺨을 바닥으로 낮추어라. 이 자세를 완성하려면 오른쪽 팔꿈치를 굽혀야 할 필요가 있을 것이다.

4. 왼팔을 미끄러지듯이 가능한 한 멀리 뻗

고, 오른쪽 팔꿈치를 굽힌 상태로 유지하면서 3~5차례 호흡을 하라.

5. 숨을 들이쉬면서 네 발로 기어 가는 시작 자세로 돌아오라.
6. 그런 다음, 반대쪽으로도 반복하라. 양쪽으로 2~3차례 반복하라.

역 V-비틀기 자세

숩타-파리브리티야사나 *Supta-Parivrityāsana*

이 동작은 팔과 어깨 그리고 흉곽 부위를 스트레칭해 주는 상당히 효과적인 비틀기 자세다. 이것은 특히 명상을 하거나 앉아 있을 때 가슴이 무너지는 경향이 있는 사람에게 좋다.

1. 바닥에 엎드려 누워서 다리를 약간 벌린다. 두 팔을 바닥에 대고 어깨에서부터 사선으로 머리 위쪽을 향해 쭉 뻗어라. 그러면 두 팔은 V 자 모양이 된다.

2. 오른팔을 단단히 바닥에 댄 채 유지하고 왼팔을 들어 올려서 몸 전체를 비틀어라. 그 결과 왼팔이 위로 올라가 빙 돌아서 몸의 오른쪽이 바닥에 가능한 한 가깝게 된다.

3. 몸과 함께 머리를 돌려서 시선을 계속 왼손에 두라. 왼쪽 엉덩이가 들려서 비틀어지지만, 그럼에도 반드시 왼발을 계속 바닥에 확고히 붙어 있게 하라.

4. 시작 자세로 돌아와서 다른 쪽으로도 반복하라.

어깨 서기 자세

사르방가사나 *Sarvāngāsana*

산스크리트 용어 'Sarvāngāsana'를 문자 그대로 해석하면 '모든 부위 자세'다. 실제로 이 동작이 몸의 모든 부위와 내면에도 이롭다고 한다. 완전한 자세를 할 수 있다면, 턱이 흉골을 받쳐 주어 어깨와 윗등, 경추의 긴장을 풀어 줄 것이다. 또한 이 자세는 갑상선에 활기를 북돋아서 명상을 준비할 수 있도록 마음과 몸의 균형을 잡아 준다. 그러나 이 자세가 어려워서 기죽게 한다는 생각이 들거나 이 자세를 수련하는 것이 지금 당장은 너무 도전적이라고 여겨진다면 생략하라.

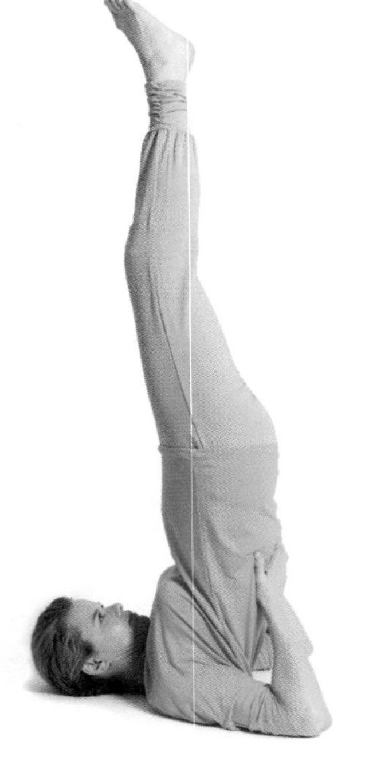

1. 등을 대고 누워서 두 다리를 모아서 쭉 뻗어라. 원한다면 어깨 아래에 완충재를 놓아라.

2. 두 팔꿈치를 바닥에 대고 양손을 엉덩이 아래로 가져가라. 그런 다음, 다리와 몸통을 들어 올리면서

손으로 등을 따라 천천히 어깨를 향해 걸어가듯 움직여 받친다.

3. 몸과 다리가 가능한 한 곧게 일직선이 되게 만들려 하라. 손이 등에 평평하게 닿도록 노력하라. 이때 손가락은 척추를 가리키며 지지하고 있다.
4. 다리를 곧게 유지하지만 의식적으로 종아리 근육과 발의 긴장을 풀어라. 턱은 흉골을 누르고 있어야 한다. 얼굴과 혀 그리고 인후가 부드러워지게 하라.
5. 어깨 서기 자세를 처음 한다면 10초 이하로 유지하라. 일단 자세가 편안해지면 점차 3분까지 늘려 가라. 자세를 취하는 도중에 반드시 머리나 목이 움직이지 않게 하라.
6. 내려올 때는 머리 위쪽 바닥을 향해 다리를 천천히 반 정도 내리고, 손과 아래팔을 등 뒤쪽 바닥에 평평하게 놓아라. 그런 다음, 머리를 바닥에 댄 상태를 유지하고 손으로 바닥을 밀면서, 천천히 몸을 펴며 척추뼈들을 하나하나씩 바닥으로 내려라.

주의

임신 중에는 어깨 서기 자세를 해서는 안 된다. 임산부 요가를 전문으로 하는 지도자로부터 적절한 대안 자세들을 배울 수 있을 것이다.

쟁기 자세

할라사나 *Halāsana*

어깨 서기 자세가 편안하다면 계속해서 쟁기 자세를 하고 싶어질 수 있다. 이 자세는 윗등과 어깨 부위를 한층 더 깊게 스트레칭해 준다.

1. 어깨 서기 자세에서 머리 위쪽의 바닥으로 천천히 발을 내려라. 발이 바닥에 닿지 않는다 해도 걱정하지 말고 그저 할 수 있는 만큼 하면서 손으로 계속 등을 받쳐라. 그러나 발이 바닥에 닿는다면, 손을 등 뒤쪽 바닥에 대고 적어도 1분간 자세를 유지하는 것을 목표로 하라. 그리고 이 자세가 촉진시키는 내면을 향한 침묵의 경험을 즐겨라.

2. 이 자세에서 나오려면 천천히 다리를 구르듯이 내려야 한다. 머리와 손 모두 바닥에 댄 채 유지하고, 손으로 바닥을 밀면서 내려오는 속도를 늦추어라. 각 척추뼈를 하나하나씩 차례로 내리는 것을 목표로 하라.

Minumsa Publishing Group
2023 도서목록
판미동
GO NAKED NOW
LUSH
판미동 인스타그램 @pan.min_books
블로그 www.panmidong.com
페이스북 www.facebook.com/Panmidong
민음사 출판그룹 홈페이지 www.minumsa.com
© 하루치

제로 웨이스트는 처음인데요

소일 저 | 15,800원

일회용품을 쓰면서 지구 환경을 걱정하는
평범한 사람들을 위한 제로 웨이스트 안내서

5년 동안 제로 웨이스트를 실천해 온 저자는 쓰레기를 만들지 않는 삶에 있어 고수에 가깝지만, 결코 완벽하게 하려 애쓸 필요는 없다고 이야기한다. 쓰레기를 제로로 만드는 일은 사실상 비현실적이고 이상적인 목표에 가깝기 때문이다. 그러므로 100에서 90으로 조금이라도 줄이려는 노력이 큰 의미가 있다고 강조한다.

지구를 위해 모두가 채식할 수는 없지만

하루치 저 | 16,000원

앤서니 브라운 그림책 수상 작가 하루치의
에코 카툰 에세이

플라스틱을 사용하면서도 지구 환경을 걱정하는 평범한 사람들을 위한 에코 카툰 에세이. 환경 문제에 대한 단상들을 3편의 그래픽노블과 70여 편의 재기발랄한 그림으로 풀어냈다. 지구를 위하는 일은 작은 곳에서부터 시작됨을 밝히며 작은 것부터 하나씩 실천해 보자고 제안한다.

저녁의 비행

헬렌 맥도널드 저 | 주민아 역 | 18,000원

세계적 베스트셀러 『메이블 이야기』의 작가
헬렌 맥도널드의 신작 에세이집

세계 각지에서 만난 송골매, 칼새, 찌르레기, 토끼, 백조, 버섯 등 자연에 대한 관찰과 매혹으로 가득한 에세이 41편이 담겨 있다. 《타임》《워싱턴포스트》《USA투데이》 등에서 올해 최고의 책으로 꼽혔고, 《가디언》 최고의 자연과학책, 아마존 최고의 논픽션으로 선정되었다.

어둠 속에서 빛나는 것들

신순규 저 | 14,800원

월가 시각장애인 애널리스트가 전하는 33가지 삶의 가치들

세계 최초의 시각장애인 공인재무분석사(CFA), 하버드 · MIT를 거쳐 미 월가에서 27년간 일해 온 시각장애인 애널리스트 신순규의 두 번째 에세이. 코로나 팬데믹을 겪으며 느낀 생각들을, 견고함(Durability), 자기 사랑(Self-love), 동기 부여(Motivation), 배려(Consideration), 열린 마음(Open Mind), 마음의 평안(Inner-peace) 등 33개 키워드를 중심으로 담담하게 풀어냈다.

혐오 없는 삶

바스티안 베르브너 저 | 이승희 역 | 17,000원

『아픔이 길이 되려면』 김승섭 교수 추천
최고의 르포에 주는 에곤 에르빈 키쉬 상 수상

독일 주간지 『디 차이트』 편집장이 세계 곳곳을 돌아다니며 혐오를 뛰어넘어 우정을 쌓아 가는 이야기를 담았다. 추천사를 쓴 김승섭 교수는 "어떤 존재도 혐오로부터 자유로울 수는 없"음을 지적하며, 이 책을 통해 혐오의 시대를 살아가는 우리가 나아가야 할 방향을 들여다본다.

도덕경 완전해석

장치청 저 | 오수현 역 | 30,000원

중국 고전의 대가 장치청 교수의 30년 도덕경 연구 집대성

TV 강연으로 학문 대중화에 힘써 온 장치청 교수의 『도덕경』 연구를 담은 책. 중국에서 가장 널리 읽히고 오래 연구해 온 통용본인 '왕필본'을 중심으로, 죽간본과 백서본, 하상공본 등 권위 있는 판본들을 참조하여 쉽고 명쾌하게 풀이한다. 한 구절, 한 단어도 놓치지 않고 분명하게 이해할 수 있도록 『도덕경』의 모든 것을 담아낸 책이다.

더 깊은 호흡을 위한 가슴 확장하기

명상하려 앉았을 때 상체가 앞쪽으로 굽어져 가슴이 안쪽으로 잡아당겨지는 경향이 있다면, 서로 관련된 두 가지 원인이 있을 수 있다. 첫째는 컴퓨터, 태블릿, 핸드폰 등을 보면서 구부정한 자세로 오래 앉아 있었기 때문에 가슴 근육이 지나치게 짧아져 굳어진 것이다. 둘째는 견갑골과 등 근육이 약해지고 심하게 잡아 늘여져 있을 가능성이 높다.

'가슴이 안쪽으로 잡아당겨진' 자세에서는 흉골과 횡격막이 충분히 확장하는 데 필요한 공간을 빼앗아 가는 경향이 있어서 깊은 호흡을 하기 어렵거나 심지어 불가능하게 만든다. 명상하려 할 때 종종 잠이 든다면, 가능한 한 가지 이유는 정신이 흐트러짐 없이 집중한 상태로 머물 수 있기 위한 충분한 산소를 공급받고 있지 못하기 때문일 수 있다. 그러면 장시간 동안 조용히 방심하지 않고 앉아 있기가 매우 어렵다.

많은 사람들이 두 가닥의 '황금색 실'을 심상화하면 명상하는 동안 더 똑바르게 앉고 가슴이 굽혀지는 것을 피하는 데 도움이 된다고 말한다. 선택한 명상 자세로 앉아서 황금색 실 한 가닥이 정수리에 붙어 있고 하늘 쪽으로 몸 전체를 끌어당기고 있다고 상상하라. 그리고 또 다른 황금색 실이 흉골에 붙어 있고 이 실도 마찬가지로 하늘을 향해 가슴을 들어 올리고 있다고 심상화하라. 이런 식의 심상화로 호흡기계 전체가 더 충분하게 확장된다면 더 깊게 호흡할 수 있을 것이다.

이어지는 동작들은 가슴 부위의 유연성을 강화하고 개선하기 위해 디자인되었다. 규칙적으로 수련하면 자세와 충분히 호흡할 수 있는 능력과 명상하면서 편안히 앉아 있을 수 있는 능력을 향상시킬 것이다.

물고기 자세

맛시야사나 *Matsyāsana*

고전적인 이 요가 자세는 가슴을 열어 주어서 호흡 능력을 향상시키고 심장이 더 열린 느낌을 받게 한다. 명상 중에 잠드는 경향이 있거나 또는 공황 발작 혹은 밀실 공포증을 겪는다면, 물고기 자세를 규칙적으로 수련하는 것이 도움이 될 것이다.

1. 등을 바닥에 대고 평평하게 누워서 다리를 곧게 쭉 뻗어라. 다리와 발을 모아라.
2. 엉덩이 아래에 양손을 넣고 손바닥을 바닥에 붙인다. 두 팔꿈치를 굽히면서 바닥을 밀어내고 팔꿈치의 힘으로 가슴을 위쪽으로 아치 모양이 되게 하라. 정수리를 바닥에 닿게 놓는 것을 목표로 하라.
3. 자세를 유지하면서 3~10차례 깊게 호흡하라. 이때 체중은 주로 두 팔꿈치에 실린다. 머리와 목에는 체중이 아주 적게만 실려야 한다. 일단 이 자세가 보다 편안해지면 점차 2분까지 늘릴 수 있다.
4. 가슴이 넓게 열리게 되므로 가능한 한 깊게 호흡하면서 반드시 흉골이 충분히 관여되게 하라. 산소를 흡인하기 위해 갈비뼈들을 물고기의 아가미와 같이 활짝 연다고 상상하면 도움이 될 수도 있다.
5. 이 자세에서 나올 때는 상체를 약간 들어서 머리를 뒤로 젖히고 손을 빼고 미끄러지듯 등을 천천히 바닥으로 내려라. 잠시 이완하라.

주의

경추 손상 등 목 부상이 있거나 고혈압이 있거나 또는 편두통으로 고통받고 있다면, 물고기 자세를 하지 마라. 천식발작이 있는 동안에는 결코 이 자세를 해서는 안 된다.

낙타 자세

우스트라사나 *Ustrāsana*

가슴을 열어 주는 이 강력한 자세는 흉골을 들어올려서 몸통과 목을 자유롭게 해 준다. 또한 호흡을 하는 동안 늑골을 확장시켜 주는 늑간근도 강화한다.

1. 담요나 매트 위에 무릎을 꿇고 앉는다. 이때 무릎과 발은 엉덩이 너비로 벌리고 다리와 발은 서로 평행하다. 필요하다면 무릎에 여분의 완충재를 추가하라. 그런 다음, 발꿈치 위에 앉아라.
2. 팔을 뒤로 뻗어 두 손으로 각각 발꿈치를 잡아라. 어렵다면 대안으로, 발 바로 뒤쪽 바닥에 손을 평평하게 놓을 수 있다. 이때 손가락 끝은 뒤를 가리킨다.
3. 그런 다음, 손을 움직이지 않으면서 엉덩이를 발꿈치에서 떼서 들어 올린다. 윗다리가 수직이 되면 곧추선 자세에서 무릎을 꿇고 있게 된다.
4. 엉덩이를 가능한 한 높게 아치 모양으로 구부리고 가슴을 들어 올린다. 목을 이완시키며 부드럽게 머리가 약간 뒤로 내려가게 하라.
5. 무게중심을 앞으로 이동시키고, 골반을 무릎 바로 위에 오게 하고, 윗등을 바닥과 수평이 되게 하는 것을 목표로 하라. 이 정도까지 할

수 없더라도 걱정하지 마라.

6. 자세를 유지하면서 3~10차례 깊게 호흡하라.
7. 마치 심장의 중심이 하늘을 향해 아치 모양을 그리고 있는 것처럼 느껴라. 그런 다음, 발꿈치에 앉는 상태로 돌아갈 때 양손을 풀고 천천히 엉덩이 아랫부위를 내리며 몸을 안쪽으로 구부려라.
8. 몸을 앞으로 숙이고 이마를 바닥 쪽으로 내려라. 아기 자세로 3~5차례 호흡하는 동안 이완하라.(137페이지 참조)
9. 2~3차례 반복하라.

소머리 자세(팔)

고무카사나 *Gomukhāsana*

이 전통적인 요가 자세는 팔과 다리를 함께 수련할 수 있다.(154페이지 참조) 특히 상체를 자극하는 이 자세는 어깨와 쇄골의 긴장을 풀어 주는 것을 촉진한다. 명상하며 앉아 있을 때 더 편안하게 느끼고 영감에 열려 있게 만들어 줄 것이다.

1. 무릎을 꿇고 발꿈치 위에 앉아라.
2. 왼쪽 팔꿈치를 굽히면서 왼팔을 등 뒤로 가져가서 허리 위에 두라. 그리고 왼손을 가능한 한 목에 가깝게 올려라.
3. 오른팔을 머리 위로 들어 올리고 오른쪽 팔꿈치를 굽혀서 오른손을 어깨 뒤로 내려라. 두 손을 서로를 향해 뻗고, 가능하다면 등 뒤에서 두 손을 맞잡아라. 두 손이 닿지 않는다면 요가 스트

랩 변형 자세를 시도해 보라.

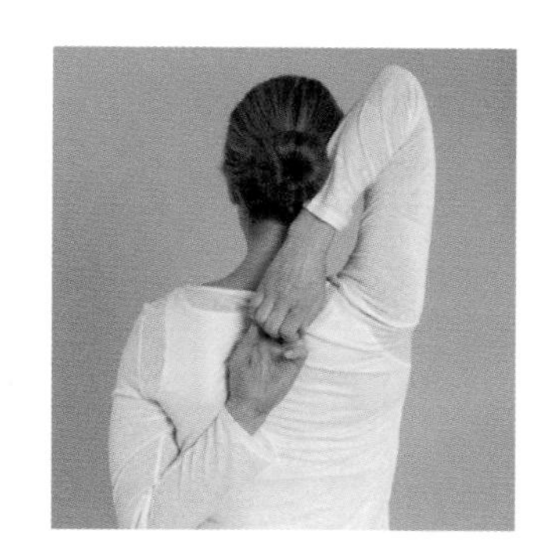

4. 두 손을 맞잡거나 스트랩을 잡은 채, 숨을 깊게 들이쉬고 몸을 앞으로 기울여 앞쪽 바닥을 향해 머리를 숙여라. 이 동작을 할 때 앉아 있다면 반드시 엉덩이 아랫부분이 들리지 않게 하라.
5. 숨을 쉬면서 10초간 이 자세를 유지하고, 시간이 지나면서 이 동작에 더 익숙하게 되면 점차 시간을 30초까지 늘린다.
6. 숨을 들이쉬면서 자세를 바로 하고, 손을 풀고 어깨를 털고 다른 쪽으로 반복한다.

변형

손을 맞잡기 어렵다면 스트랩을 활용할 수 있다. 위쪽 손에 요가 스트랩이나 접은 타월을 쥐고 이것을 두 손 사이의 간격을 메우는 데 사용하라. 아래쪽 손을 등 뒤에서 뻗어서 그 스트랩을 잡으면 된다. 이때 가능한 한 가깝게 손을 모아라.

코브라 자세

부장가사나 *Bhujangāsana*

이 고전적인 요가 자세는 가슴 부위를 활짝 열고 부정적인 자세 패턴들을 풀어 준다. 이 자세는 가슴을 확장시키고 윗등을 강화해서, 명상하는 동안 몸이 구부정해지는 것을 막아 준다. 또한 도움이 안 되는 사고 패턴들을 놓아 버리고 에너지가 더 긍정적인 방향으로 흐르게 하는 데 도움을 준다.

1. 매트나 담요 위에 엎드려 누워서 발꿈치를 모으고 발등과 이마를 바닥에 댄다.

2. 어깨 바로 아래의 바닥에 손바닥을 평평하게 대고, 손가락은 앞쪽을 가리키게 하라. 팔꿈치는 구부려서 약간 바닥에서 떼고 갈비뼈 가까이에 두라.

3. 숨을 들이쉬면서 상체를 말아 올리듯이 위로 들어 올린다. 천천히 이마, 코, 턱을 뒤로 젖힐 때 가슴을 들어 올리고, 팔꿈치는 약간 구부려서 옆구리를 향하게 유지한다.

4. 복부는 가능한 한 바닥에 가깝게 해서 상체가 알맞은 아치 모양이 되게 유지하려 노력하라. 견갑골을 미끄러지듯이 아래쪽으로 내려서 확실히 어깨가 귀 쪽을 향해 위로 올라오지 않게 하라.

5. 3~5차례 호흡하는 동안 자세를 유지하면서 흉골을 앞쪽으로 밀고 있다고 느껴라. 그런 다음, 몸이 바닥으로 돌아올 때까지 천천히 몸을 펴서 마지막에 이마가 바닥으로 부드럽게 내려오게 하라.

6. 2~3차례 반복하라.

변형

약하게 스트레칭을 하려면 아기 코브라 자세를 시도해 볼 수 있다. 이 자세는 유사한 동작이지만 자세를 하는 내내 팔꿈치와 아래팔을 가슴 가까이 바닥에 댄 채 유지한다. 자세를 유지하면서 3~5차례 호흡하라. 2~3차례 반복하라.

회전 코브라 자세

몸의 전면부를 활짝 열어 주는 이 비틀기 자세는 깊이 정화하는 데 도움을 준다. 두 차례 이상 코브라 자세를 편안하게 마치고 스트레칭된 경우에만 시도하는 것이 좋다.

1. 매트나 담요 위에 엎드려 누워서 발꿈치를 모으고 발등과 이마를 바닥에 대라.
2. 발가락이 바닥에 닿게 발을 세우고 양쪽 손바닥을 갈비뼈 옆의 바닥에 대라.
3. 숨을 들이쉴 때 코브라 자세를 했을 때보다 상체를 뒤로 약간 더 높게 올려라. 팔꿈치를 약간 구부려서 유지하고 손과 아랫다리만 바닥에 닿아 있을 때까지 몸을 들어 올려라.
4. 고개를 돌려 왼쪽 어깨 너머를 보면서, 마치 오른쪽 발꿈치를 보려 하고 있는 것처럼 몸통을 비틀고, 왼쪽 어깨와 왼쪽 엉덩이를 가능한 한 가깝게 모은다.
5. 중앙으로 돌아와서 다른 쪽으로도 반복하라.
6. 3~5차례 반복하고, 몸을 펴면서 바닥으로 내린다.

무릎 꿇은 초승달 자세

아르다-찬드라사나 *Ardha-Chandrāsana*

이 뒤로 젖히는 자세는 가슴을 열고 척추를 늘이며 횡격막 호흡을 촉진하는 데 탁월한 스트레칭이다. 또한 엉덩이의 긴장을 풀어 주고 균형감과 집중력을 개선하며 기쁜 느낌을 고양하는 데 도움이 된다.

1. 담요나 매트 위에 무릎을 꿇고 다리와 발을 모아라. 무릎이 불편하다면 언제든지 완충재를 덧대라.
2. 몸통을 들어 올려서 곧추선 자세로 무릎을 꿇고서 무릎으로 선다. 이때 윗다리가 아랫다리에 직각에 되게 한다.
3. 왼발을 몸 앞의 바닥에 평평하게 놓아서 허벅다리가 바닥과 평행하게 한다. 발을 미끄러지듯이 몇 센티미터 앞으로 움직여라. 그러면 그 발은 무릎 약간 앞에 있게 되지만, 여전히 무릎과 일직선 상태에 있다.
4. 손바닥을 가슴 앞에서 모으고 엄지손가락을 교차한다. 손바닥이 붙은 상태를 확실하게 유지한 채, 팔꿈치를 쭉 펴고 팔을 위쪽으로 스트레칭하라.
5. 손을 쳐다보고서 깊게 숨을 들이쉬면서 뒤로 아치를 그리듯이 젖혀라. 심장을 하늘을 향해 들어 올릴 때 큰 기쁨을 느껴라.
6. 3~10차례 깊게 호흡하면서 자세를 유지하라.

똑바로 선 댄서 자세

나타라자사나 *Natarajāsana*

이 아름다운 자세를 규칙적으로 수련하면 고관절을 열고 강화해 주기 때문에 몸의 가벼움과 우아함이 촉진될 것이다. 이 자세는 더 널리 알려진 고전적 댄서 요가 자세의 변형이라는 점을 유의하라.(그 자세는 몸의 완전히 다른 부위에 작용한다.)

1. 발은 평행하게 두고 똑바르게 서라. 시선은 대략 2미터 정도 떨어진 천장의 한 지점에 확고히 고정하라.
2. 왼쪽 무릎을 굽혀서 왼발이 왼쪽 엉덩이 아래쪽으로 올라오게 하라. 양손을 등 뒤로 뻗어서 왼쪽 발목을 잡아라.
3. 뒤로 굽힌 무릎을 서서히 들어 올린다. 왼발을 가능한 한 높게 그리고 왼쪽 엉덩이 아래로부터 멀리 떨어지게 하는 것을 목표로 삼아라. 몸 전체가 약간 앞쪽으로 기울어지겠지만, 너무 많이 기울게 두지는 마라. 대신, 발과 무릎을 들어 올리면서 어깨를 뒤로 당기는 데 집중하라.
4. 느리고 안정적으로 5차례 호흡을 하는 동안 이 자세를 유지하라. 규칙적인 수련을 통해서 이 자세를 하는 데 보다 익숙해질 것이다. 서서히 20차례 호흡을 하는 데까지 늘려라.
5. 그런 다음, 자세를 풀고 다른 쪽으로도 반복하라. 균형을 잡는 데 어려움이 있다면 벽 근처에서 수련하라.

허리의 긴장 다루기

명상 지도자로서 내가 듣는 가장 흔한 말 중 하나는 "허리가 아파요. 벽에 기대고 앉으면 안 될까요?"다. 수년 동안 명상을 배우는 사람들을 지켜봐 오면서 나는 벽에 기대고 앉는 사람들이 이내 몇 분 뒤에 몸이 구부정해지고 종종 잠드는 경향이 있다는 사실을 알게 되었다. 그래서 나는 사람들에게 어떤 것에도 기대지 않고 더 편안하게 앉을 수 있도록 허리 근육을 강화하려는 노력을 하라고 권한다.

연구에 따르면 놀랍게도 80퍼센트의 사람들이 인생의 어느 시점에 요통을 경험한다고 한다. 허리 통증 유발하는 원인들은 많다. 예를 들자면, 활동하지 않거나 과도하게 사용하거나 또는 스트레스를 받고 피로해진 결과일 수 있다.

명상하는 사람들의 경우, 규칙적으로 명상하지는 않지만 이따금씩 피정이나 그룹 수련에 참여하는 사람들 사이에서 그런 요통이 문제가 되곤 한다. 갑작스럽게 장시간 앉아 있으려 하면 허리가 아파 오는 것이다.

명상하는 동안 생기는 요통은 최적의 몸 상태를 유지해 오지 못한 사람들 사이에서 흔하다. 등 근육과 복부 근육들이 척추를 적절하게 정렬된 상태로 유지해 주지 못하기 때문이다. 그렇지만 규칙적으로 스포츠를 하고 둔근과 대퇴근을 지나치게 발달시켜 온 사람들에게서도 흔하게 불편감이 발생하기도 한다.

이어지는 동작들을 규칙적으로 수련하면 명상하는 동안 경험하는 허리의 긴장이나 불편함을 감소시키는 데 도움을 줄 수 있다. 이 동작들은 허리 근육을 이완할 뿐 아니라 강화도 해 준다. 이 부위에 있는 다섯 개의 척추뼈를 양호하고 유연하게 유지하는 데 도움이 될 것이다.

아기 자세

발라사나 *Bālāsana*

이 고전적인 요가 자세는 허리의 긴장을 푸는 데 이상적인 접근법이다. 명상을 하려고 앉기 직전에, 마찬가지로 아마 명상을 한 후에도 하는 탁월한 동작이다. 이 자세는 몸을 안으로 웅크리고 바깥의 방해 요인들로부터 주의를 안으로 거두어들인다.

1. 발과 무릎을 약간 벌리고 발꿈치 위에 앉아라. 발꿈치 위에 접은 담요나 쿠션을 놓고서 그 위에 앉아도 된다. 어떤 사람들은 무릎 관절 뒤에 접은 수건이나 양말을 놓는 것을 선호한다.
2. 깊게 숨을 들이쉰 다음, 내쉬면서 앞으로 몸을 숙여서 이마를 바닥 쪽으로 가져가라. 팔을 몸통 양옆에 내려놓고 이완하라. 이때 손은 발 가까이에 있다. 머리가 바닥에 닿지 않는다면, 한 손 위에 다른 손을 얹어서 이마가 쉴 수 있게 도울 수 있다. 더 높은 지지물이 필요하다면, 주먹을 쥐어서 이마 아래에 한 주먹 위에 다른 주먹을 포개서 놓거나 또는 블록이나 쿠션을 놓아라.
3. 목을 이완하여 5~10차례 호흡을 하는 동안 등 안으로 깊게 숨이 들어가게 하라.
4. 자세를 풀 때는 다시 발꿈치에 앉아 있는 처음의 상태가 될 때까지 굽힌 척추를 천천히 맨 아래 척추 뼈부터 펴라.

주의

이 자세가 불편하거나 임신 중이라면 무릎을 더 넓게 벌린다.

앉아서 앞으로 굽히기 자세

파슈치못타나사나 *Paschimottānāsana*

이 자세는 마치 몸을 반으로 접는 것처럼 앞으로 굽히기 때문에, 척추 자체를 길게 늘일 뿐만 아니라 등 쪽의 모든 근육과 인대를 스트레칭하는 데 아주 효과적이다. 이 자세는 또한 마음을 고요하게 하는 효과가 있어서 내면의 고요를 알아차리는 능력을 향상시킨다.

1. 바닥에 앉아서 다리를 모아서 앞으로 곧게 뻗어라. 숨을 들이쉬면서 팔을 귀 옆까지 들어올린다. 가능한 한 높게 팔을 쭉 뻗어 올려라.
2. 들어 올린 팔을 유지한 채, 숨을 내쉬면서 천천히 엉덩이에서부터 앞으로 굽힌다. 발가락이나 발 바깥쪽을 잡는 것을 목표로 하라. 손이 닿지 않는다면 발 앞쪽의 볼록한 부위 둘레에 요가 스트랩이나 접은 타월을 걸고서 그 끝을 잡을 수 있다. 이렇게 할 때 발목을 모아서 유지하려 노력하라.
3. 어떤 저항점들에 대해 자각하게 된다면 이완을 촉진하기 위해 그것들에 숨을 불어넣어라.
4. 자세를 유지하면서 5~10차례 호흡한다.

주의

이 자세를 한 후에 경사면 자세를 하는 것이 좋다.(다음 페이지 참조)

경사면 자세

파르봇타나사나 *Pārvottāsāsana*

몸의 전면부 전체를 스트레칭해 주는 이 강력한 스트레칭은 앉아서 하는 앞으로 굽히기 자세(파슈치못타나사나)에 대한 이상적인 대응 자세(Counter Pose)다. 또한 이 자세는 책상에 앉아 있거나 운전을 하거나 또는 휴대폰을 보는 것과 같이 장시간 앞을 주시하는 사람에게 탁월한 해결책을 제공한다.

1. 바닥에 앉아서 앞으로 다리를 쭉 뻗어라. 몸을 뒤로 기울이고 엉덩이 뒤쪽 바닥에 손바닥을 평평하게 놓아라. 이때 손가락을 앞쪽으로 향하게 하는 것을 선호하는 사람도 있고, 손가락을 뒤쪽으로 향하게 하는 것을 선호하는 사람들도 있다.
2. 엉덩이를 가능한 한 높이 들어 올리면서 머리가 약간 뒤로 넘어가게 하라. 두 발을 모은 상태를 유지하면서 발가락들을 포함해서 양발이 바닥에 평평하게 닿게 하려 노력하라.
3. 3~5차례 호흡하는 동안 자세를 유지한다.
4. 그런 다음, 엉덩이 아랫부위를 바닥에 내려놓는다. 손을 털어서 풀어 주면 좋다.

다리 자세

세투-반다사나 *Sethu-Bandhāsana*

이 동작은 두 움직임을 하나로 합친 것이다. 적당한 골반 기울기 움직임에서 더 도전적인 다리 자세로 넘어가는 순서다.

1. 등을 바닥에 평평하게 대고 눕는다. 무릎을 굽히고 발을 엉덩이 너비로 벌려서 평평하게 바닥에 놓아라. 반드시 발과 무릎을 서로 평행하게 하라. 두 팔을 바닥에 대고 몸통 양옆에 편하게 내려놓는다.
2. 입으로 숨을 내쉬면서 꼬리뼈를 말면서 엉덩이를 위쪽으로 올려라. 동시에 배꼽을 척추 쪽으로 잡아당겨라. 이때 머리, 어깨, 발, 팔은 모두 바닥에 닿은 상태를 유지 한다.
3. 코로 숨을 들이쉬면서 각 척추뼈를 하나하나씩 차례로 바닥에 내려놓고 척추를 늘려라. 초보자라면 1~3번 동작을 몇 차례 반복하는데, 등이 알맞은 아치 모양이 될 때까지 매번 조금 더 높게 올린다. 그런 다음, 4단계로 넘어가라.
4. 엉덩이를 알맞은 높이로 올릴 때 팔꿈치를 구부리고 손을 허리에 대고 받쳐서 다리 자세로 넘어가라. 대안으로, 팔을 바닥에 평평하게 유지하면서 몸 아래에서 양손으로 깍지를 낄 수도 있다.
5. 8~10차례 호흡하는 동안 자세를 유지하면서, 가능한 한 계속 엉덩이를 높이 유지하고 목 뒷부위를 길게 늘이는 데 초점을 맞추어라.
6. 그런 다음, 천천히 내리고 바닥에 누워서 이완하라.

보조도구를 사용한 다리 자세

세투-반다사나 *Sethu-Bandāsana*

다리 자세의 간단한 변형 자세로, 도구의 도움을 받을 수 있다. 다리와 발에 저리는 느낌으로 고통받고 있다면 도움이 될 것이다. 이 자세는 등 전체를 이완시키는데, 특히 요추와 천골 부위 즉 허리 부위에 중점을 두고 있다.

1. 등을 대고 누워서 무릎을 굽힌다. 발은 엉덩이 너비로 벌리고서 바닥에 평평하게 놓아라. 발가락으로 몸을 들어 올려서 미끄러지듯이 요가 블록이나 몇 개의 쿠션을 꼬리뼈 아래로 넣어서 받쳐라. 그 블록은 사용 방식에 따라서 세 종류 높이가 있을 수 있는데, 자신의 척추 유연성 수준에 가장 알맞은 것이 어느 것인지 알기 위해서 실험해 보는 것이 좋다.
2. 몸 아래에서 팔을 쭉 뻗어서 양손을 깍지 껴라. 깊게 호흡을 하고, 10~20차례 호흡을 하는 동안 자세를 유지하라.
3. 내려올 준비가 되면, 숨을 들이쉬면서 다시 발가락으로 몸을 들어 올린다. 이렇게 하면 블록이나 쿠션을 더 쉽게 제거할 수 있다.
4. 그런 다음, 숨을 내쉬면서 서서히 척추를 굴리듯이 내린다. 위쪽 척추뼈들을 펴기 시작하면서, 바로 다음 척추뼈들 각각을 내릴 때 꼬리뼈를 쭉 뻗어서 머리에서 멀어지게 하고 있다고 느껴라.
5. 바닥에 누워서 이완하라.

서서 앞으로 굽히기 자세

하스타-파다사나 *Hasta-Padāsana*

서서 앞으로 굽히기 자세는 몸의 후면부 전체를 스트레칭하고 마음을 고요하게 하는 효과가 있다. 이러한 점에서 앉아서 앞으로 굽히기 자세와 비슷한 효과가 있다.(138페이지 참조) 이 자세는 또한 육체적 균형감뿐만 아니라 정신적 균형감도 제공한다.

1. 발을 엉덩이 너비로 벌리고 바르게 서라. 그런 다음, 천천히 상체를 숙여서 바닥을 향해 내려가는데, 머리에서 시작해서, 목 그리고 가슴 순이다. 이때 무릎은 곧게 유지해라.
2. 무릎을 향해 이마를 숙이고 가슴은 가능한 한 허벅다리에 가깝게 하라. 손을 발의 옆쪽이나 앞쪽 바닥에 닿게 하는 것을 목표로 하라. 손이 바닥에 닿지 않는다면, 어디에 닿을 수 있든지 간에 다리 뒤쪽을 잡아라.
3. 엉덩이를 들어 올리고, 반드시 체중이 발 전체에 고르게 균형 잡힌 상태로 실려서 유지되게 하라.
4. 8~15차례 호흡을 하는 동안 자세를 유지한 후에, 다시 천천히 척추뼈 하나하나씩 말아서 올라오라.

삼각 자세

웃티타-트리코나사나 *Utthita-Trikonāsana*

옆으로 굽히는 삼각 자세는 척추를 좌우로 정렬하고, 특히 허리의 긴장을 대상으로 한다. 이 자세는 명상할 때 편안하게 앉아 있을 수 있는 능력뿐만 아니라 일상에서의 일반적인 자세들도 향상시킬 것이다.

1. 발을 어깨너비보다 약간 더 넓게 벌리고 선다. 왼발을 바깥쪽으로 90도 각도로 돌리고 오른발은 약간 안쪽으로 돌려라.
2. 팔을 들어서 어깨에서부터 곧게 쭉 뻗어라. 이때 손바닥은 앞쪽을 향한다.
3. 숨을 깊게 들이쉰 다음, 숨을 내쉴 때 몸을 오른쪽 옆쪽으로 굽혀서 오른손으로 발목이나 정강이를 잡아라. 대안으로, 요가 블록 위에 손을 얹을 수도 있다.
4. 왼팔이 어깨에서부터 곧게 쭉 뻗어 올라가서, 두 팔이 일직선이 되었는지 점검하라. 그리고 얼굴을 이완한 상태로 유지하면서 머리를 돌려 위쪽 손을 보라.
5. 5~10차례 호흡을 하는 동안 자세를 유지하라. 그런 다음, 자세를 풀고 선 자세로 돌아오라.
6. 다른 쪽으로도 반복하라.

전사 자세 II

비라바드라사나 *Vārabhadrāsana*

힘을 돋워 주는 대표적인 요가 자세다. 이 자세를 규칙적으로 수련하면, 안정적인 앉은 자세를 유지할 때 필요한 허리의 힘이 길러진다. 명상할 때 더 안정적이고 편안한 자세를 유지하는 데 도움이 될 것이다.

1. 발을 어깨너비보다 조금 더 넓게 벌리고 선다. 왼발을 바깥쪽으로 90도 각도로 열고 오른발은 약간 안으로 돌린다. 가슴이 절대 따라 돌지 않게 하라. 가슴은 정면을 향하게 유지해야 한다.
2. 팔을 들어 올려서 어깨로부터 곧게 쭉 뻗어 나가게 하라. 이때 손바닥은 아래쪽을 향한다. 어느 한쪽으로 기울지 않고 계속 몸이 중앙에 있도록 주의하라. 왼쪽 무릎을 직각으로 굽히고 무릎을 발과 일직선으로 유지하라. 오른쪽 다리는 계속 곧게 뻗어 있어야 한다.
3. 몸이 돌아가지 않은 상태로 머리를 돌려서 왼손을 보라. 5~10차례 깊은 호흡을 하는 동안 자세를 유지하면서, 완전한 깊은 호흡에 대해 계속 최대한 자각하려 노력하라.
4. 중앙으로 돌아와서 다른 쪽으로도 반복하라.

엉덩이와 무릎의 불편함 다루기

많은 사람들이 명상을 하려고 앉아 있을 때, 엉덩이 또는 무릎에 불편함을 경험한다. 편안하게 앉는 데에는 다리에 있는 근육의 건강한 밸런스뿐만 아니라 고관절의 적절한 유연성이 필요하다. 이것은 많은 현대인들이 다양한 생활 요인들로 인해 부족해진 부분이다.

예를 들자면, 어떤 사람들은 주로 앉아서 지내는 라이프스타일의 결과로 다리 근육이 약해지거나 팽팽해지거나 또는 불균형하게 된다. 한편, 다른 사람들은 축구, 사이클 타기, 달리기 등과 같은 대중적인 스포츠를 한 결과로 팽팽하고 과도하게 발달된 근육을 가지게 된다.

이어지는 동작들은 다리 근육의 불균형을 해소해 줄 것이다. 구체적으로 단지 다리 앞뒤의 근육뿐만 아니라 허벅다리 양 측면의 근육도 다룬다. 그러므로 규칙적인 수련을 하면 하체를 강화하고 유연성을 높여서 더 편안하게 앉을 수 있을 것이다.

무릎 통증을 경험한 적이 있다면 반드시 완충재를 깐 바닥 위에서 수련해야 한다는 점을 기억하자. 그뿐 아니라 앉기 위한 쿠션이나 담요를 사용하거나 또는 특정 자세들에서 무릎을 보호하기 위한 완충재가 필요할 수도 있다.

스스로 상황을 더 낫게 만들기 위해서 이 동작들을 활용하라. 적어도 한두 가지를 매일 하려고 노력하면 분명 좋아질 것이다. 등을 대고 누워서 하는 동작이나 앉은 자세로 하는 동작으로 시작하는 것을 권한다.

바람 빼기 자세

바타야사나 *Vatayāsana*

이 자세는 고관절 굴곡을 만들어 내는 훌륭한 스트레칭 방법이다. 또한 과도한 정신적인 불안과 초조로 고통받고 있는 사람들을 위한 요긴한 수단이 될 수 있다. 명상을 위해 몸뿐만 아니라 마음을 준비시켜 준다.

1. 등을 대고 누워서 목 뒷부위를 가능한 한 바닥에 가깝게 유지하라. 턱이 이마보다 높게 들려서는 안 된다. 목에 있는 긴장으로 인해 인해 머리가 약간 뒤로 기울어진다면, 머리 아래에 받침을 놓아서 머리가 수평이 되게 만들어라.
2. 양 무릎을 굽혀서 발을 바닥에 평평하게 놓고 무릎과 발을 모아라.
3. 길고 깊게 숨을 들이쉬면서 한쪽 무릎을 몸을 향해 안쪽으로 들어올려라. 무릎을 굽힌 상태를 유지하면서 양손으로 그 무릎을 잡고서 복부 쪽으로 잡아당겨라. 또는 할 수 있는 만큼 복부까지 가능한 한 가깝게 무릎을 가져가라.
4. 다른 다리에도 반복하라. 그런 다음, 각 다리에 교대로 3~5차례 하라.

누워서 비틀기 자세

자타라-파리바르타나사나 *Jathara-Parivartanāsana*

이 부드러운 비틀기 자세는 엉덩이, 허리, 배와 장기들을 마사지해 주고, 긴장을 덜어 준다. 뿐만 아니라 불안과 거슬리는 생각을 완화하므로 명상을 위해 마음을 고요히 하려는 데 도움이 된다.

1. 등을 대고 누워서 두 무릎을 굽혀라. 이때 두 발은 바닥에 평평하게 놓여 있다. 팔을 어깨로부터 곧게 쭉 뻗고, 손바닥을 바닥에 평평하게 대라.
2. 무릎을 오른쪽을 향해 내릴 때 머리를 돌려서 왼손을 바라보라. 반드시 무릎을 모아서 유지한다. 무릎을 쿠션이나 접은 담요 위에 올려놓을 수도 있다.
3. 오른손을 무릎 위에 올려놓고서 무릎을 바닥으로 더 가깝게 끌어 내리려 하라. 양어깨를 바닥에 확고히 유지시켜라.
4. 3~5차례 깊이 호흡하는 동안 자세를 유지하라.
5. 그런 다음, 무릎과 머리를 중앙으로 돌리고, 반대쪽으로도 하라.

개구리 자세

만두카사나 *Mandukāsana*

막 뛰어오르려는 개구리를 연상시키는 이 자세는 엉덩이 굴근과 안쪽 허벅다리에 탁월한 스트레칭을 제공한다. 이 근육들이 스트레칭되고 고루 균형 잡힐 때 책상다리 자세들이 훨씬 더 편안해질 것이다.

1. 무릎을 꿇고 발꿈치에 앉는다. 발은 모으고 무릎은 넓게 벌려라.
2. 앞쪽의 바닥에 손을 내려놓고 앞으로 숙인다. 계속 발꿈치에서 엉덩이가 떨어지지 않도록 유지하고 가슴을 바닥에 닿게 하는 것을, 또는 편안한 만큼 가능한 한

가깝게 하는 것을 목표로 하라.

3. 팔을 앞으로 쭉 스트레칭하라. 이때 손바닥은 바닥에 있다.

4. 숨을 깊게 3~5차례 쉬어라. 그리고 점차 늘려서 10차례까지 하라.

골반 열기 자세

힙-오프너 자세 *Hip-Opener*

이 동작은 엉덩이 굴근을 강하게 스트레칭해서 유연성을 높인다. 규칙적으로 수련하면, 명상하는 동안 엉덩이와 무릎의 불편함이 감소할 것이다.

1. 등을 대고 누워서 무릎을 굽힌다. 이때 발은 바닥에 평평하게 놓여 있다. 오른쪽 무릎을 왼쪽 무릎 위에 교차하여 다리를 꼰다.

2. 두 무릎을 모은 상태를 유지하면서 발을 바닥에서 들어 올린다. 두 손을 뻗어 위에 있는 무릎의 앞쪽을 잡는다. 무릎에 손이 닿지 않는다면, 대신 허벅다리 뒤쪽을 잡아라.

3. 무릎을 가능한 한 가슴 쪽으로 가깝게 당기고, 거기서 무릎을 껴안아라.

4. 자세를 10초 동안 유지한다. 시간이 지나면 점차 늘려서 1분까지 하라.

누운 비둘기 자세

숩타-카포타나사나 *Supta-Kapotāsana*

이 동작은 흔히 힙-오프너 자세와 함께 수련된다. 이 자세는 훨씬 더 강한 스트레칭을 동반하기 때문에 일단 힙-오프너 자세를 적어도 일주일 이상 규칙적으로 수련한 후에 시도하는 것이 가장 좋다.

1. 등을 대고 누워서 무릎을 굽히고 발을 바닥에 평평하게 놓아라. 이때 무릎과 발은 모여 있다.
2. 발을 바닥에서 들어 올리고 왼쪽 발목을 오른쪽 무릎 위에 놓는다. 이때 왼쪽 무릎이 바깥쪽을 향하게 하라.
3. 왼팔을 굽힌 왼쪽 무릎 사이로 넣어라. 그런 다음, 오른쪽 정강이를 두 손으로 잡아라. 또는 정강이를 잡을 수 없다면 허벅다리 뒤쪽을 잡아라.
4. 다리를 잡아당겨서 가능한 한 가슴에 가깝게 하라.
5. 적어도 10초 동안 유지하고, 시간이 지나면 점차 1분까지 시간을 늘려라.
6. 발을 풀어서 바닥으로 내리고, 다리를 바꿔서 다른 쪽으로도 반복하라.

한 다리 앞으로 굽히기 자세

자누-쉬라사나 *Janu-Shirasāsana*

이 자세는 엉덩이의 긴장을 풀어 주어서 명상할 때 더 편안하게 앉을 수 있게 도와준다. 또한 마음을 차분하게 하고 신경계를 진정시켜 준다.

1. 바닥에 앉아서 다리를 앞으로 일직선이 되게 쭉 뻗는다. 왼쪽 무릎을 굽혀서 왼발을 오른쪽 허벅다리 안쪽에 평평하게 대라.
2. 숨을 들이쉴 때 팔을 머리 위로 곧게 뻗고 위로 쭉 스트레칭하라.
3. 숨을 내쉴 때 엉덩이에서부터 움직인다고 생각하면서 상체를 앞쪽으로 굽히고 두 손으로 오른발의 발가락들을 잡는 것을 목표로 하라. 발까지 도달할 수 없다면, 오른쪽 다리 어디든 닿을 수 있는 곳을 잡아라.
4. 3~5차례 호흡하는 동안 자세를 유지하고, 시간이 지나면 점차 호흡을 늘려서 10차례까지 호흡하라.
5. 손을 풀고 앉은 자세로 돌아와서, 다른 쪽으로도 이 동작을 반복하라.

박쥐 자세

우파비스타-코나사나 *Upavistha-Konāsana*

이 자세는 허벅지 안쪽을 깊게 스트레칭하여 여러 유익함을 가져다준다. 이 동작에서 각 단계는 계속해서 더 도전적인 자세이므로, 할 수 있는 만큼만 하라.

1. 바닥에 앉아서 다리를 넓게 벌려라. 꼬리뼈가 뒤로 휘어져 있거나 허리가 과도하게 굽어져 있다고 느낀다면(둘 다일 수도 있다.), 작은 쿠션이나 방석을 엉덩이 아래에 놓아라.

2. 두 손을 가슴 앞에서 깍지 끼고 팔꿈치를 곧게 펴면서 팔을 쭉 위로 뻗어라. 엉덩이에서부터 움직이면서 몸통 전체를 회전하라. 큰 솥을 휘젓고 있다고 상상하라. 한 방향으로 10차례 회전하고, 10차례는 반대 방향으로 회전하라.

3. 상체를 오른쪽 다리 방향으로 돌리고, 숨을 들이쉬면서 두 팔을 위쪽으로 두 귀 옆에 대고 곧게 스트레칭하라. 숨을 내쉬면서 앞으로 굽히고, 두 손으로 오른발을 잡으려 하면서 흉골을 오른쪽 허벅다리 위에 또는 허벅다리를 향해 내리려 하라. 3~5차례 호흡을 하는 동안 이 자세를 유지하라. 중앙으로 돌아왔다가 왼쪽 다리 방향으로 반복하라.

4. 이제 몸을 중앙에 위치시키고 두 손을 양발로 가져가서 목의 긴장을 풀고 머리를 숙여라. 이마를 내놓을 수 있게 쿠션이나 요가 블록을 사용할 수 있다.

5. 3~5차례 호흡하는 동안 자세를 유지한다. 원한다면 더 길게 유지해도 된다. 그런 다음, 손으로 몸을 향해 뒤로 걷듯이 해서 상체를 들어 올려 앉아라.

주의

어느 단계까지 진행하기로 선택하든지 간에, 무릎을 굽혀서 다리와 발바닥을 모으고 무릎을 부드럽게 아래위로 튕기듯 움직이며 끝내는 것이 가장 좋다.

활쏘기 자세의 예비 자세

아카르나-다누라사나 *Akarna-Dhanurāsana*

활쏘기 자세는 매우 도전적인 자세여서 유연성이 좋을 필요가 있다. 이 자세는 더 상급 자세로 나아가는 준비의 성격이 있으므로, 초급자라면 더 많은 경험을 쌓을 때까지 이 자세를 제외하고 다른 동작들에 초점을 맞추는 것이 좋다.

1. 바닥에 앉아서 다리를 앞으로 곧게 뻗어 스트레칭하라. 팔을 앞으로 뻗어서 오른손으로 오른발의 발가락들을 잡고, 왼손으로 왼발의 발가락들을 잡아라. 그런 다음, 양쪽 발을 잡은 상태를 유지하면서 할 수 있는 한 곧게 자세를 바로 하라.
2. 오른발을 오른손으로 잡은 상태를 유지하면서 왼쪽 무릎을 굽혀라. 반드시 양쪽 엉덩이 아랫부위가 바닥에 닿아 무게가 고르게 실린 상태가 유지되게 하라.
3. 머리를 든 상태를 유지하면서 왼발을 들어 올리려 하라. 완전한 자세는 발을 귀 쪽으로 당기는 것이다.
4. 3~5차례 깊은 호흡을 하면서 자세를 유지하고, 10차례까지 호흡을 늘려라.
5. 부드럽게 손을 풀어라. 다른 쪽으로 이 자세를 반복하라.

장작 쌓기 자세

아그니스탐바사나 *Agnistambhāsana*

이 자세는 아마도 앉는 자세들 중 가장 어려운 자세일 것이다. 초급자라면 이 도전적인 자세를 할 수 있게 되도록 노력할 필요가 있다. 마지막 자세에서 다리는 하나 위에 다른 하나가 놓인 한 쌍의 통나무처럼 보여야 한다.

1. 앉아서 두 다리를 앞으로 곧게 뻗는다. 오른쪽 무릎을 굽혀서 왼쪽 무릎 아래에 오른쪽 발목을 놓아라.
2. 왼쪽 다리를 굽히고 오른쪽 정강이 위에 왼쪽 정강이를 '쌓아라.' 이렇게 하기 너무 어려우면 오른발을 골반에 더 가깝게 가져오려 해 보라.
3. 손을 왼쪽 무릎 위에 부드럽게 놓고서 무릎이 더 내려가도록 유도하라. 억지로 그렇게 하지는 마라.
4. 5~10차례 호흡을 하는 동안 자세를 유지하라.
5. 그런 다음, 돌아와서 다리를 바꾸고 다른 쪽으로 반복하라.

빛나는 별 자세

타라사나 *Tarāsana*

여신 타라의 이름처럼 이 자세는 몸을 뿌리내리게 하고 안정시켜서 내면에 안정감과 평온감을 만들어 준다. 허벅다리 안쪽에 있는 긴장을 풀어 주어 명상 수련에 크게 도움이 될 것이다.

1. 바닥에 앉아서 양쪽 무릎을 굽히고 발바닥을 모은다. 양손으로 두 발을 잡아라.
2. 두 발을 모은 상태를 유지하면서, 미끄러지듯이

발을 몸통에서 가능한 한 멀리 떨어지게 하라.

3. 몸을 앞으로 숙이면서 팔꿈치를 굽히고, 가능하다면 머리를 발 위에 얹으려 하라. 두 팔꿈치가 두 다리의 바깥쪽으로 가게 하라.

4. 3~10차례 호흡을 하는 동안 자세를 유지하라. 그런 다음, 앉은 자세로 돌아오라.

소머리 자세(다리)

고무카사나 *Gomukhāsana*

이 자세는 엉덩이와 허벅지 앞부분의 긴장을 풀어 주기 위한 탁월한 자세다. 엉덩이 바깥쪽을 강렬하게 스트레칭하면 명상하며 앉아 있을 때 자세를 더 편안하고 더 오랫동안 유지 가능하게 될 것이다. 일단 이 자세가 편안해지면 팔과 함께 완성된 소머리 자세를 수련해 볼 수 있을 것이다.(130페이지 참조)

1. 무릎을 꿇고 무릎을 세워서 곧추선 자세로 앉아라. 이때 윗다리를 아랫다리와 직각이 되게 한다. 양쪽 다리와 발은 모은 상태를 유지한다.

2. 오른쪽 무릎을 왼쪽 무릎 앞으로 가져오고 두 발을 가능한 한 넓게 벌려서 그 사이에 앉아라. 두 발 사이에 앉을 쿠션을 놓을 필요가 있거나 놓는 것이 좋을 수도 있다.

3. 이 자세를 편안하다고 느끼는 만큼 오래 유지하라. 그런 다음, 다리를 바꿔서 반복하라.

발의 무감각과 저림 줄이기

명상을 하고자 할 때 사람들이 경험하는 가장 흔한 어려움 중 하나는 발과 다리의 불편감이다. 얼마의 시간 동안 앉아 있으면 이내 발이 무감각해지거나 다리가 '저리는 느낌'으로 고통받기 쉽다. 고관절이 충분히 유연하지 못해서 그럴 수도 있고, 스포츠를 너무 많이 해서 근육이 지나치게 발달해서 그럴 수도 있다. 둘 중 하나의 이유로 다리와 발에 혈액 공급이 억제되기 때문에 다리가 저리는 것이다.

또한 많은 사람이 명상하기 위해 앉으려 할 때 발과 다리에, 특히 뒤쪽 햄스트링과 종아리 근육 그리고 아킬레스건에 경련을 경험한다. 이것 또한 유연성의 부족 또는 잘 발달된 다리 근육 때문이다. 아니면 때로 몸의 미네랄 불균형에서 기인할 수도 있다. 그러므로 이에 도움이 될 신선한 야채와 과일(특히 바나나), 통밀, 콩을 비롯한 콩과 식물 등의 섭취를 늘리는 것도 고려해 보라.

다음에 이어지는 동작들을 규칙적으로 수련하면 다소 긴 시간 동안 앉으려 할 때 발과 종아리에서 경련, 저림 또는 불쾌한 무감각한 느낌이 발생할 가능성을 줄일 수 있다.

명상하려 앉을 때 지속적으로 발과 그 주변의 문제로 고통받고 있다면, 명상을 할 때마다 매번 명상하기 전 다리와 발을 풀어 주기 위한 준비 동작들을 하는 것 또한 매우 중요하다.(89~91페이지 참조)

발가락 위에 쪼그려 앉기

앉아 있는 동안 발과 발가락에 경련이 일어나는 경향이 있다면, 이 동작이 유연성과 혈액 순환을 향상시켜 줄 것이다. 규칙적인 수련의 일부로 삼아도 좋고, 명상 자세를 취하기 바로 직전에도 발을 풀어 주기 위해 할 만한 가치가 있다.

1. 바닥이나 매트 위에 무릎을 꿇고 앉아서 발과 무릎을 모아라. 무릎 아래에 쿠션이나 접은 타월을 놓아도 된다.
2. 엉덩이를 약간 들어 올리고 새끼발가락을 포함해서 열 개의 발가락 모두 바닥에 닿게 발을 세워라.
3. 발꿈치에 앉아서 대부분의 체중을 발 앞볼에 실리게 하라. 무릎에 너무 많은 압박이 가해진다면, 망설이지 말고 무릎 관절 뒤에, 허벅다리와 종아리 사이에 접은 작은 타월을 놓아라.
4. 손바닥을 이완해서 허벅다리 위에 얹어라.
5. 1~3분 동안 자세를 유지하라. 그런 다음, 자세에서 나오기 위해 체중을 앞으로 가져가서 천천히 발가락을 풀어 주라. 서서 다리와 발을 털어 주는 것이 좋다.

독수리 자세

가루다사나 *Garudāsana*

이 자세는 다리와 팔을 비틀어 종아리의 혈액 순환을 좋게 할 뿐만 아니라 몸과 마음의 균형과 협력을 향상시키는 데도 도움이 된다. 이 자세는 명상할 때 더 편안하게 앉아 있을 수 있게 도와주고, 조화와 자유의 기쁜 느낌을 북돋운다.

1. 발을 평행하게 하고 바르게 서라. 두 무릎을 약간 굽히고 약 2미터 정도 앞의 한 지점에 시선을 확고히 고정시켜라.
2. 체중을 오른발로 옮기고 왼쪽 다리를 들어 올려서 오른쪽 다리 앞으로 가져오라. 그리고 왼발의 발가락을 오른쪽 종아리 뒤에 걸어라. 이렇게 하는 데 문제가 있으면, 대신 왼발의 발가락 끝을 오른발의 바깥쪽 바닥에 내려놓아라.
3. 팔꿈치를 굽혀서 가슴 앞에서 오른쪽 팔꿈치 위에 왼쪽 팔꿈치가 있게 모아라. 팔꿈치를 포갠 상태로 유지하면서 손바닥을 모으려 노력하라. 이때 손가락은 위를 가리킨다.
4. 5~10차례 호흡을 하는 동안 자세를 유지하라. 그런 다음, 자세를 풀고 다른 쪽도 반복하라.

나무 자세

브륵샤사나 *Vrkshāsana*

아름다운 이 자세는 육체적·정신적 집중력과 균형감 모두를 향상시킨다. 또한 다리와 발을 강화하여 명상을 할 때 더 편안하게 앉을 수 있게 돕는다.

1. 무릎을 곧게 펴고 팔을 이완해서 몸 옆에 붙이고 똑바로 서라. 체중이 발 전체에 고르게 분산되는 것을 느껴라. 눈을 감고 몸과 땅 사이에 교환되고 있는 에너지를 알아차려라. 무릎과 허벅다리를 통해 위로 올라가 몸통 속으로 퍼져 나가는 에너지를 느껴라.
2. 일단 균형 잡히고 뿌리내려졌다고 느낀다면 오른발을 바닥에서 가능한 한 높게 들어 올린다. 그리고 왼쪽 허벅다리의 안쪽에 평평하게 대고 굽힌 무릎을 옆쪽으로 열어라. 발을 아주 높게 들어 올릴 수 없다고 하더라도 걱정하지 마라. 균형을

잡을 수만 있다면, 발을 종아리나 발목에 대거나 심지어 발끝을 바닥에 댄 자세여도 괜찮다.

3. 왼쪽 다리를 곧게 편 상태를 유지하면서 약 1미터 앞쪽 바닥의 한 지점에 시선을 고정하고 가슴 앞에서 두 손바닥을 모아라.
4. 천천히 팔을 곧게 펴면서 손바닥은 계속 모은 상태로 머리 위로 들어 올려라.
5. 3~5차례 깊게 호흡하면서 이 자세를 유지할 때, 마치 왼발이 바닥 아래로 뿌리를 내리고 있는 동시에, 팔이 하늘을 향해 당신을 위로 들어 올리고 있다고 느껴라. 척추를 늘이고 어깨를 이완하며 반드시 귀를 덮을 정도로 위 팔을 귀 가까이에 두라.
6. 균형을 잡는 데 문제가 있다면 어떤 단계에서든 손을 가슴 앞으로 내릴 수 있다.
7. 준비가 되면 발과 팔을 내리고 다른 쪽으로도 반복하라.

아래를 향한 개 자세

아도-무카-스와나사나 *Adho-Mukha-Svanasana*

고전적인 이 요가 자세는 다리 뒤쪽 근육들을 자극하고, 몸 전체에 원기를 북돋워 준다. 또한 발의 긴장을 줄여 주므로, 특히 책상다리로 앉아 있을 때 발에 경련이 일어나는 경향이 있다면 특히 좋은 동작이다.

1. 바닥에 손과 무릎을 대고 네 발 기어 가는 자세를 만든다. 이때 어깨 아래에 손을 그리고 엉덩이 바로 아래에 무릎을 두어라.

2. 발가락이 바닥에 닿게 발을 세우고 천천히 무릎을 곧게 펴면서 엉덩이를 들어 올리고 발꿈치를 가능한 한 바닥에 가깝게 내려라. 발꿈치가 쉽게 바닥으로 내려가면 더 깊게 스트레칭을 하기 위해 약간 뒤로 한 걸음 물러나는 것이 좋다.
3. 손가락을 들어 올려 넓게 벌리며 스트레칭한 다음, 다시 바닥에 내려놓아라. 반드시 체중을 두 손에 고르게 배분시키고, 손바닥 전체에도 체중이 균등하게 실리도록 하라.
4. 이 자세는 깊고 완전한 호흡을 할 수 있도록 촉진시킨다. 이 자세를 유지하면서 3차례 깊이 호흡하는 것으로 시작해서, 시간이 지나면 점차 호흡을 10~15차례까지 늘린다.
5. 이 자세에서 나오기 위해서는 손 쪽으로 발로 걸어온 다음, 천천히 척추뼈 하나하나씩 뒤로 말아 올리듯이 서라.

산 자세

타다사나 *Tādāsana*

산 자세는 고전적인 요가 자세 중 하나로 올바르게 정렬된 상태를 만들어 준다. 이 자세를 규칙적으로 수련하면, 더 건강한 선 자세를 만들 수 있다. 뿐만 아니라 아랫다리와 발에 편안함과 안정성을 높여 주고 명상을 위한 앉은 자세를 더 안정적이고, 더 편안하게 할 수 있다. 이 자세를 통해 육체적 균형을 찾으려 시도함으로써 마음은 명상에서 필요한 정신적 균형을 더 쉽게 맞추게 될 것이다.

1. 발을 엉덩이 너비로 평행하게 벌리고 똑바로 앞을 가리키도록 해서 바르게 선다. 팔은 몸 옆에 붙이고 이완시켜라.
2. 두 발에 무게감을 고르게 하여 서 있다고 확신할 때까지, 한쪽 발에서 다른 발로 체중을 조금씩 이동시켜라.
3. 체중이 각 발 전체에 고루 균등하게 배분되도록 해야 한다는 점을 점검하라. 우선 발을 좌우로 흔드는 시간을 가진 후에, 다시 바닥에 평평하게 놓아라. 그런 다음, 발가락을 들어 올려서 할 수 있는 한 넓게 벌려서 스트레칭하고 나서, 열 개의 발가락과 발꿈치를 바닥으로 밀어 넣듯이 하라.
4. 발이 땅속으로 구멍을 뚫고 내려가서 뿌리를 내리고 있다고 상상하라. 이 뿌리들은 땅에서 에너지를 끌어올리고, 그 에너지는 몸 전체로 구석구석 퍼져 나가고 있다고 상상하라.
5. 무릎을 잠그지 않고 다리 근육을 사용해 곧게 펴라.

6. 허벅다리 뼈가 아주 약간 뒤쪽으로 밀리는 것을 느껴라. 동시에 꼬리뼈는 아래로 밀어 넣어라. 이 자세를 할 때 등이 굽어지지 않도록 주의하라.

7. 복부 근육을 팽팽하게 조이고 맨 아래 늑골을 약간 당겨라. 견갑골을 모아라. 그리고 미끄러지듯이 아래로 허리를 향해 내려가는 그 견갑골을 느껴라. 어깨를 앞, 위, 빙 둘러 아래로 회전시켜라. 그런 후에 어깨를 이완되게 하라. 그 다음에 의식적으로 턱 근육을 이완시켜라.

8. 정수리가 위쪽을 향해 곧게 스트레칭하는 것을 느껴라. 턱은 바닥과 수평이 되고, 귀는 어깨와 일직선상에 있으며 어깨는 엉덩이 바로 위에 있어야 한다. 잠깐 눈을 감고 깊게 호흡하며 땅과 하늘을 연결시켜라.

Chapter 5

마음을 가라앉히고 집중력을 높이는 호흡법

"호흡이 산란하고 불규칙하면 마음 또한 불안정하지만,
호흡이 고요하면 마음도 그러하다."

—『하타 요가 프라디피카』 2.2

"호흡에 대한 완전한 알아차림 없이는
명상적인 안정성과 이해력의 발달이 있을 수 없다."

— 틱낫한

명상을 위한 마음의 준비

일단 자세가 편안해져서 안정적으로 명상을 할 수 있는 몸이 준비되었다면, 그다음 장애물은 마음을 관통해서 질주하는 수많은 생각들이다. 이것은 조용한 장소에 앉아 있을 때 특히 분명해진다. 바깥에서 들려오는 소음이 더 작을수록 생각은 더 커지는 것처럼 보이기 때문이다.

호흡의 힘

호흡은 명상 수련을 해 나가기 위한 견고한 기반을 구축하는 강력한 도구다. 호흡을 통제하면, 마음을 제어하고 고요하게 하는 데 도움이 된다. 뿐만 아니라, 마음이 그 순간에 방심하지 않고 완전히 현존하도록 훈련할 수 있다.

호흡과 마음 사이의 긴밀한 연결성을 이해하려면 희미하거나 몹시 은은한 소리에 귀 기울이려 노력하는 자신을 마음속에 그려 보라. 누군가 그렇게 하라고 요청하지 않았음에도 본능적으로 호흡을 천천히 옅게 하거나 심지어 잠깐 동안 호흡을 멈출 가능성이 상당하다.

호흡은 몸과 마음 사이에 자연스럽게 만들어지는 접점이다. 호흡은 감정과 생각에 반응한다. 호흡을 통제함으로써, 내면의 고요를 계발하고 경험할 수 있다. 마음을 평화롭게 하고 싶다면 호흡을 고요히 하는 것으로 시작하라.

요가를 육체적 운동과 같다고 생각하는 사람이 많지만, 많은 요가 수련자들이 호흡을 집중적으로 다룬다. 생각이 호흡에 영향을 미친다는 사실을 이해하기 때문에 반대로 호흡의 질 또한 틀림없이 생각의 상태에, 그리고 결과적으로 명상하는 능력에 강력한 영향을 미친다고 판단하는 것이다.

프라나야마

요가에서 주요한 하나의 가지(Branch)는 마음의 특성과 미세 에너지들을 통제하기 위해 오직 육체적인 호흡을 사용하는 동작들로만 이루어져 있다. 요가의 이 가지와 이 가지를 구성하는 호흡법들은 프라나야마(Prāṇāyāma)라고 불리는데, 이 산스크리트 단어는 문자 그대로 '프라나(Prāna)의 통제'를 의미한다.

산스크리트의 프라나에 해당하는 단어는 영어나 다른 어떤 서구권 언어에서도 찾을 수 없다. 대략적인 번역어는 '생명 유지에 필수적인 공기'나 '생명력' 또는 '생기 에너지'겠지만, 실제로 정확히 하려면 프라나 단어 자체를 사용해야 한다. 프라나는 물질적 신체를 통해 움직여서 우리를 유지시키지만, 사실상 물질 자체는 아닌 미세한 에너지다. 이 에너지는 한국에서는 기(氣)로, 중국 의학에서는 치(Chi)로, 일본 전통에서는 키(Ki)로도 알려 있다. 침술사, 지압사, 태극권 수련자 모두 '기, 치, 키', 즉 프라나를 다룬다.

몸에서 프라나는 호흡의 형태를 취한다. 그러므로 프라나를 조절하기 위해서는 호흡의 여러 구성 부분들에 대해 더 자각해야 한다. 그러므로 이 부분들을 통제하려 노력하는 데서 시작하기를 권한다.

고요한 마음을 위한 호흡법

이 장의 목적은 호흡을 관찰하고 통제하기 위한 기법들을 알아보고, 명상을 할 때 마음을 고요하게 만드는 데 호흡을 사용할 수 있도록 하는 것이다.

우선 호흡을 충분하고 깊게 하는 법에 대한 광범한 조언들을 나눌 것이다. 그래서 자신의 호흡 패턴들과 호흡 능력들을 알게 되도록 촉진할 것이다. 이는 얕은 호흡이나 입으로 호흡하는 것과 같은, 쉽게 빠져들 수도 있는 호흡에서의 나

뿐 습관을 발견하고 바로잡는 데 도움이 될 수 있다.

그러한 습관들을 교정하고 최적으로 호흡하기 위해 이 장에서는 앞으로 하게 될 호흡법을 준비하는 정화 동작들을 먼저 살펴볼 것이다. 일단 이러한 동작들에 익숙해졌다면, 명상을 위해 마음을 고요하게 할 프라나야마 동작들을 사용한 핵심적인 수련을 할 준비가 된 것이다.

호흡에 집중하는 수많은 명상 기법이 있다. 그것들 중 일부는 호흡을 지켜보거나 호흡에 귀 기울이기를 권하고, 다른 것들은 호흡의 수를 셀 것을 제안한다. 여기서는 구체적으로 '호흡 지켜보기' '호수로 심상화하기' '적극적으로 호흡 사용하기' '호흡에 귀 기울이기'를 포함해서 시작할 때 쓸 수 있는 몇몇 가지 그러한 기법들도 알아볼 것이다.

호흡 기법들을 더 많이 수련할수록, 명상에 대한 준비로써 호흡과 심장박동 그리고 신진대사가 천천히 느려지는 것을 더 잘 관찰하게 될 것이다. 또한 이러한 호흡법들을 명상을 할 때의 집중점으로써 계속 사용하고 싶을 수도 있다.

완전 호흡의 세 부분

완전 호흡을 하고 있다면 호흡을 할 때마다 세 부분이 있어야 한다.

1. 숨을 들이쉴 때 횡격막이 아래로 내려가 복강으로 확장한다. 이것은 '아래 호흡' 즉 복식 호흡이라고 불린다.
2. 그런 다음, 늑간근이 늑골들을 떼어 놓아서 부유 늑골이라 부르는 아래쪽 늑골들을 확장시킨다. 이것은 '가운데 호흡' 즉 흉식 호흡이라고 언급된다.
3. 마지막으로 모두 잘하는 '위 호흡' 즉 견식 호흡이다. 폐 윗부위와 쇄골이 위쪽과 바깥쪽으로 움직여야 한다.

명상을 위한 호흡 준비하기

호흡은 마음을 더 고요하고 명료하게 만드는 것을 돕는 도구다. 그러므로 명상을 준비하는 단계에서 적절하게 호흡하는 법을 아는 것은 매우 중요하다.

코로 호흡하기

감기에 걸렸거나 격렬한 운동을 마친 직후가 아니라면, 코로 호흡하는 것은 언제나 중요하다. 코로 호흡하면 비강의 필터들이 들이쉰 공기가 몸 안으로 들어가기 전에 박테리아나 바이러스 또는 다른 불순물들을 걸러 준다. 코는 첫 번째 보호 라인으로 호흡하는 공기를 걸러 내는 이상적인 메커니즘으로 설계되었다.

코로 호흡하면 공기를 걸러 줄 뿐만 아니라 공기에 습기를 더해서 점막들이 촉촉하게 유지되도록 함으로써 호흡기계를 보호한다. 이 점막들은 끈적끈적한 표면에 먼지와 박테리아를 끌어모음으로써 두 번째 방어 라인을 형성한다. 반면, 입으로 호흡하면 코와 인후 그리고 호흡 통로들의 안쪽에서 막을 형성하는 점막들이 메마르게 된다.

폐의 밑바닥까지 완전히 호흡하기

흉강의 바닥은 횡격막이라는 평평한 근육으로 이루어져 있다. 횡격막은 흉강과 복강을 나눈다. 횡격막이 아래로 팽창하면, 흉강에 공기를 끌어들이는 압력이 만들어져서 숨을 들이쉬게 된다. 횡격막이 이완되면 위로 수축하여 폐에서 공기를 밀어내게 되어 숨을 내쉬게 된다.

횡격막이 팽창될 때면 횡격막은 아래로 움직이면서 복강으로 확장된다. 바르게 호흡하고 있다면, 숨을 들이쉴 때 복부는 부드럽게 부풀어 오르고 아래 늑골들은 바깥쪽으로 움직일 것이다. 반대로 숨을 내쉴 때는 복부, 흉강, 흉골 모두 수축해야 한다.

많은 사람이 얕게 호흡을 해서 폐의 윗부분만 사용하는 경향이 있다. 폐를 완전히 사용하는 능력을 평가하려면 다음과 같이 실험을 해 보라.

바닥이나 단단한 표면에 등을 대고 평평하게 누워라. 다리를 약간 벌리고 발이 이완되게 하라. 두 손을 배꼽 바로 아래에 놓아라. 깊게 호흡하라, 즉 오래 천천히 깊은 호흡을 하라. 그러면 복부는 들숨에 약간 올라가고, 날숨에 내려간다. 공기를 폐의 아래 부위로 끌어들이는 데 초점을 맞추어라. 이 '아래 호흡'을 하는 데 어려움을 겪는다면, 아래 폐를 더 사용하는 습관을 들이기 위해서 이 동작을 연습하는 데 약간의 시간을 더 할애하라.(166페이지 참조)

폐의 용량 완전히 사용하기

폐와 심장은 흉곽으로 둘러싸여 있는데, 흉곽은 늑간근에 의해 움직여진다. 깊은 복식 호흡을 완성했다면, '가운데 호흡'의 용량을 얼마나 충분하게 사용하고 있는지 점검하는 실험을 해 보라.

명상할 때 선호하는 자세를 선택해 앉아라. 이를 위해서 허리를 펴고 가슴을 똑바로 세우며 어깨를 이완하는 것이 중요하다. 한 손은 복부의 배꼽 부위에, 다른 손은 흉곽 맨 아래에 얹어 놓아라.

양쪽 폐를 흉곽 안에 있는 길고 폭이 좁은 두 개의 풍선으로 심상화하라. 우선, 이 풍선의 밑바닥을 가득 채우는 깊은 호흡을 하는 자신을 상상하라. 그런 다음, 풍선의 가운데가 팽창하는 것을 '보라.' 그리고 마지막으로 폐의 맨 윗부분이 공기로 가득 찰 것이다. 마음속에 이 이미지를 그리며, 먼저 깊게 숨을 들이쉬어서 복부가, 그런 다음 흉곽이, 마지막으로 가슴 윗부위가 팽창하는 것을 느껴라. 그리고 나서 숨을 내쉴 때 이 과정을 거꾸로 느껴 보아라.

손을 사용해서 완전하고 고르게 호흡하고 있다는 사실을 점검하라. 이 완전 호흡을 숙달할 때까지 며칠 동안 수련해야 할 수도 있다.(166페이지 참조) 구체적인 호흡법으로 넘어가서 그것들을 수련하기 전에, 완전하게 호흡하는 방식에 자연스러움과 편안함을 느끼도록 익숙해지고자 하는 것은 좋은 생각이다.

방해받지 않는 흉곽

프라나야마와 명상을 효과적으로 수련하려면 흉곽이 완전히 확장되는 데 필요한 공간이 있는지 확인하는 것이 중요하다. 구부정한 자세로 상체가 앞으로 숙여지는 경향이 있다면 그런 자세가 계속해서 갈비뼈의 완전한 확장을 방해하게 될 것이다.

가끔 시간을 내어 흉곽을 잘 확장할 수 있도록 연습을 하면 가벼움과 자유의 느낌을 받을 수 있을 것이다. 정확하고 똑바르게 앉아서 견갑골을 아래로 내리고 약간 더 가깝게 모으는 데 초점을 맞추고서 견갑골이 허리를 향해 아래로 미끄러지듯 내려가는 것을 심상화하라. 이렇게 하면 흉골이 하늘을 향해 위로 올라가며 환희감을 느낄 수 있다.

리드미컬하게 호흡하기

폐는 수백 만개의 포도 같은 미세한 공기주머니로 이루어져 있다. 주로 호흡 멈춤으로 알려진 들숨과 날숨 사이의 짧은 시간 동안 그 공기주머니들에서 지극히 중요한 '가스 교환'이 일어난다. 이런 이유로, 몸의 산소 흡입을 증가시키기 위해 많은 프라나야마 호흡법에서 이 호흡 멈춤 시간을 늘일 것을 권한다.

호흡기 정화하기

이미 간략하게 논의했듯이, 코는 호흡을 위해 설계되었다. 들이쉰 공기가 폐에 도달하기 전에 코는 그 공기를 여과하고 덥히며 촉촉하게 해 준다. 그러나 많은 사람들이 단지 코가 막혔다는 이유만으로 입을 통해서 호흡하는 건강하지 못한 습관을 가지고 있다. 입으로 호흡하면, 마르고 따끔거리는 인후로 고통받거나, 공기 중에 돌아다니고 있는 바이러스나 박테리아에 감염될 가능성이 더 높을 것이다. 호흡기 정화법은 이를 피할 수 있게 도움을 준다. 게다가 프라나야마 동작들을 준비하는 데에도 도움이 될 것이다.

물로 하는 코 세척

잘라 네티 *Jala Neti*

잘라 네티는 코를 오염, 세균, 과도한 점액이 없게 유지하고, 비강과 부비동을 열리게 하기 위한 탁월한 수단이다. 공기 중 미세물을 통해 전염되는 질병의 위험성을 감소시키는 데 도움이 되는 중요한 수련법이다.

코 세척은 매일 실천할 수 있는 단순하고 위생적인 절차인데, 되도록 아침마다 양치질을 한 후에 하면 된다. 감기 기운이 돌면 하루에 두 번 할 수도 있다. 특히 천식, 알레르기, 다른 호흡기 문제들을 가진 사람에게도 도움이 된다.

주둥이가 달린 작은 네티포트가 필요할 것이다. 이 포트는 건강식품점, 약국, 온라인에서 구할 수 있다. 세라믹, 스테인레스 스틸, 플라스틱으로 만든 포트가 가장 일반적이다. 그러나 구리로 만든 것이 더 깨끗하다는 인식이 있다.

포트를 찬물이 아니라 미지근하거나 상온인 물로 채워라. 어떤 사람들은 여과된 물이나 끓인 물 또는 병에 든 생수, 아니면 수돗물도 괜찮은지 묻는다. 이것은 현재 당신이 있는 장소와 구할 수 있는 물의 종류에 달려 있다. 나는 보통 마실 수 있는 물로 잘라 네티를 하기를 권한다.

대략 반 스푼 정도의 정제염을 물에 넣어라. 이때 화학첨가제가 든 '식탁용 소금'이 아니라 천일염을 사용하라. 굵은 천일염보다 고운 천일염이 더 낫다. 왜냐하면 후자가 더 쉽게 녹기 때문이다. 그리고 소금이 녹을 때까지 물을 저어라. 알맞은 양의 소금기가 있는지 확인하기 위해 그 물을 맛보는 것이 좋다. 바닷물 같은 맛이 아니라 눈물 같은 맛이 나야 한다.

싱크대에 기대어 (마치 곧 입안을 헹구려는 것처럼) 인후 뒤쪽을 닫고, 머리를 왼쪽으로 기울여서 조심스럽게 소금물을 네티 포트에서 오른쪽 콧구멍 안으로 부어라. 중력으로 그 물이 왼쪽 콧구멍을 통해서 빠져나가게 하라. 물을 조금도 들이마시지 않도록 주의하라. 그런 다음, 코를 풀어라. 오른쪽으로 머리를 기울이고 왼쪽 콧구멍으로 물을 붓고 그 물이 오른쪽 콧구멍으로 빠져나가게 하라.

잘라 네티를 하고 난 후에 반드시 비강을 말려라. 남은 물이 모두 비강으로부터 빠져나갈 수 있게 하기 위해서 발을 넓게 벌리고 서서 무릎은 살짝 구부리고 머리는 늘어뜨린 채 서라. 고혈압이 있는 사람은 이렇게 할 때 주의해야 한다.

최상의 결과를 위해서는 잘라 네티에 이어 호흡법인 카팔라바티(Kapalabhati)를 할 수 있다.(173~175페이지 참조) 또한 그 사이에 나시야(Nasya)를 할 수도 있다.(172~173페이지 참조)

변형

소금물을 콧구멍 속으로 부을 때 머리를 뒤로 기울이는 것도 좋다. 그런 다음, 입을 통해서 그 물을 내뱉고, 조금도 마시지 않게 주의하라. 이렇게 하면 더 많이 세척할 수 있다.

오일로 하는 코 세척

나시야 *Nasya*

인도의 전통 의학 체계인 아유르베다(Ayurveda)에서 코는 신경계와 의식 자체에 이르는 길로 간주된다. 코에 오일을 넣는 나시야는 눈, 귀, 뇌, 부비동, 인후를 정화하고 강화해 주며, 프라나야마와 명상의 효과를 높이고 마음의 명료함을 향상시킨다고 한다.

이 동작을 위해서 순수한(볶지 않은) 유기농 참기름을 사용하는 것이 가장 좋다. 원한다면 따뜻한 물이 든 그릇에 참기름이 든 병을 넣어서 그 오일을 약간 데울 수 있다. 오일을 떨어뜨릴 수 있는 스포이트가 필요할 것이다.

나시야는 매일 또는 원하는 만큼 자주 수련할 수 있다. 아침에 양치를 하고 잘라 네티를 하고서 데운 수건을 얼굴의 코와 부비동 위에 잠깐 동안 놓아 둔 다음에 나시야를 수련하는 것이 가장 좋다.

일단 얼굴 수건을 걷고, 등을 바닥에 대고 눕는다. 다리는 쭉 뻗고 발은 약간 들어 올린다. 접은 타월을 목 아래에 놓아서 머리가 살짝 뒤쪽으로 기울게 하라.

손가락으로 한쪽 콧구멍을 막는다. 그런 다음, 스포이트를 사용해서 열린 콧구멍 속으로 참기름을 2~8방울 떨어뜨리고 조심스럽게 그 오일을 콧속으로 흡입하라. 반대쪽 콧구멍에도 이렇게 반복한다. 그다음, 머리를 같은 위치로 유지하면서 코, 부비동, 뺨 부위를 부드럽게 마사지하라.

이 상태로 몇 분간 이완하고 오일이 스며들게 기다린다. 그런 다음, 돌아누워서 입과 목에 내려온 모든 오일을 휴지에 내뱉어라. 따뜻한 물로 입을 헹구고 마쳐라.

간단한 변형

새끼손가락이나 면봉에 오일을 한 방울 떨어뜨려서 주의 깊게 한쪽 콧구멍 속으로 넣고 부드럽게 코 안쪽 벽을 마사지하는 방식으로 나시야를 수련할 수도 있다. 오른쪽 콧구멍과 왼쪽 콧구멍을 교대로, 각 콧구멍에 오일을 총 3차례 발라라.

주의

임신했거나 월경 중이거나 또는 술에 취했다면 이 정화 동작을 해서는 안 된다. 또한 천식 발작이 있을 때나 단식 중일 경우에는 권할 만하지 않다.

정화 호흡

카팔라바티 *Kapalabhati*

카팔라바티라는 이름은 '두개골'을 의미하는 카팔라(Kapala)와 '빛남'을 의미하는 바티(Bhati)라는 산스크리트 단어에서 왔다. 카팔라바티를 규칙적으로 수련하면 온몸 전체를 매우 철저하게 정화해서 생기 넘치는 양호한 건강과 내면의 광채로 얼굴이 빛나기 시작한다고들 말한다.

이 정화 동작은 폐의 능력을 강화하고 향상시키는 동시에 호흡기계를 청결하게 한다. 또한 부비동을 비우고 축적된 점액을 제거하는 데 도움이 된다. 강제로 하는 날숨으로 폐 아랫부분의 묵은 공기를 제거하고, 산소가 풍부한 신선한 공기의 받아들일 길을 내준다. 이는 적혈구가 더 많은 산소를 운반하고 신체 조직 전체를 전반적으로 재생하는 데 도움을 준다.

카팔라바티는 마음을 상쾌하게 하고 활성화한다. 아침에 잘라 네티를 한 직후에 수행한다면, 신선한 산소의 흡입을 증가시키게 된다. 잘라 네티를 단독으로 하거나 나시야와 결합해서 할 수 있다. 그 이후의 상쾌한 느낌, 개선된 집중력, 증가된 정신적 명료함은 명상 수련을 크게 향상시켜 줄 것이다.

호흡법 살펴보기

본격적인 카팔라바티 수련을 시도하기 전에 호흡법을 살펴보자. 등을 똑바로 하고 앉아서 한 손을 복부에 놓아라. 다른 손을 입의 높이로 들어 올려서 15~20센티미터 앞에 두어라. 엄지손가락을 위로 향하게 해서 부드럽게 주먹을 쥐어라. 엄지손가락을 불어 끄고 싶은 불 켜진 초라고 상상하라.

'불 켜진 초'를 빠르게 불어서 끈다. 그렇게 할 때 숨을 내쉬면서 복부가 자동적으로 급격하게 안쪽으로 당겨진다는 것에 주목하라. 그런 다음, 입을 다물고 코로 숨을 내쉬면서 이 '불 켜진 초 불어서 끄기'를 반복하라.

양초에 불이 계속 저절로 재점화되고 있고, 이것을 5~10차례 반복할 필요가 있다고 상상하라. 이 예비 실험을 마쳤다면, 카팔라바티 수련을 시작할 준비가 된 것이다.

카팔라바티 수행하기

되도록 명상 자세로 앉아서 등을 곧고 똑바르게 편다. 코로 숨을 2~3차례 깊게 들이쉬고 내쉬어라. 그리고 상상의 불 켜진 초를 불어 끄기 위해서 했던 것과 똑같이 리드미컬하게 복부를 펌핑하기 시작하라.

1. 코로 확실히 숨을 내쉬면서 복근을 재빠르게 수축하라. 이는 횡격막을 위쪽 흉곽

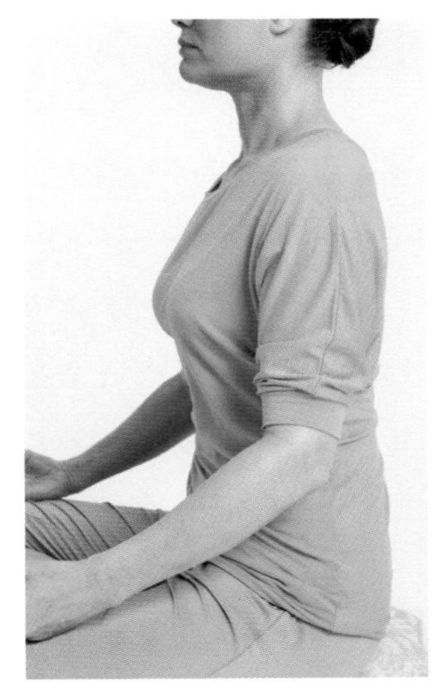
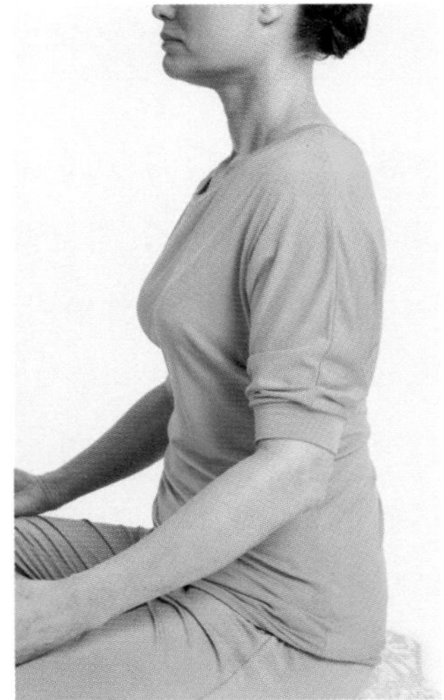

으로 움직이게 해서, 강제로 콧구멍을 통해 묵은 공기를 밀어낸다. 이 날숨은 짧고 민첩하며 소리가 들려야 한다.

2. 복근을 이완하라. 강제로 숨을 들이쉬지 마라. 폐를 이완해서 폐가 공기로 차게 하라. 들숨은 조용하고 수동적이어야 한다.
3. 한 라운드에 20~25차례 펌핑한다. 시간이 지나면 30~35차례까지 늘린다. 숨을 내쉬면서 마쳐라. 2~3차례 깊은 호흡을 해서 평상시 호흡으로 돌아오게 하라. 이상적으로는 매일 2~3번 수련하라.

주의

임신 중이거나 고혈압으로 고통받고 있다면 절대 이 수련을 해서는 안 된다. 이 호흡법은 완전히 이해하기 어려울 수 있기 때문에, 먼저 자격을 갖춘 지도자의 안내하에 수련하기를 권한다.

좌우의 균형 잡힌 호흡

흥미로운 실험을 하나 해 보자. 손가락을 한쪽 콧구멍 아래에 대고 평상시처럼 숨을 내쉬어라. 그런 다음, 다른 쪽 콧구멍 아래에 손가락을 대고 다시 숨을 내쉬어라. 아마도 한쪽 콧구멍의 숨이 다른 쪽 콧구멍의 숨보다 더 강하다는 점을 발견할 것이다. 코막힘이나 비중격 만곡증이 없다면, 더 강한 숨은 1시간 30분에서 2시간마다 바뀌게 될 것이다. 스스로 이것을 확인하고 싶다면 하루 동안 몇 차례 실험을 반복하라. 매 시간 우세한 쪽을 기록한다면, 자신의 생리적 호흡 패턴을 알아차리기 시작할 것이다.

요가의 이론에서는 콧구멍의 우세와 뇌 반구의 작용을 동일시한다. 잘 알려진 것처럼 몸의 오른쪽은 왼쪽 반구에 의해 통제되고, 몸의 왼쪽은 오른쪽 반구에 의해 통제된다. 한쪽 콧구멍으로 숨을 들이쉴 때 후각신경(후각과 연관된 신경)이 자극되고, 이 신경은 차례로 뇌의 각 부분을 자극한다.

몸의 오른쪽과 연관된 좌뇌는 이성적, 수학적, 순차적, 따뜻한, 바깥으로 향하는 것으로 간주된다. 이것은 중국 전통에서의 양(陽)과 유사하게 요가 전통에서는 태양이나 쉬바(Siva)로 표현된다. 몸의 왼쪽과 관련된 뇌의 오른쪽 반구는 직관적, 동시적, 공간적, 차가운, 안으로 향하는 것으로 간주된다. 이것은 요가 전통에

비슈누 무드라(Vishnu Mudra)

교호 호흡에는 비슈누 무드라로 알려진 손 자세가 사용된다. 오른손을 들어 올려서 집게손가락과 가운뎃손가락을 굽혀서 손바닥에 닿게 하라. 그런 다음, 지시에 따라 오른손 엄지손가락을 사용해서 오른쪽 콧구멍을 막고, 넷째 손가락과 새끼손가락으로 왼쪽 콧구멍을 막을 것이다. 설령 왼손잡이라고 하더라도 손을 바꾸어서는 안 된다.

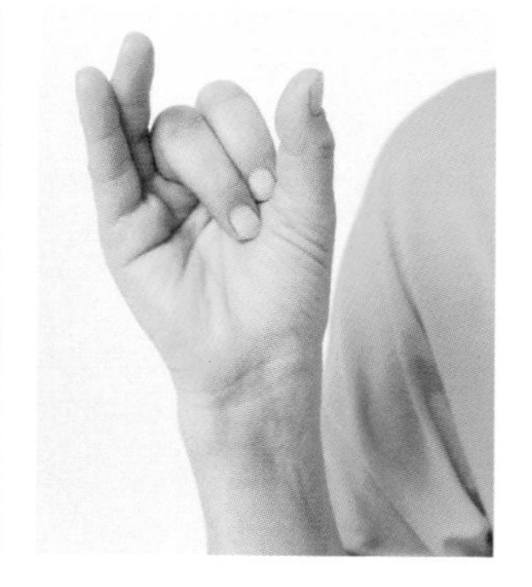

서는 달 또는 샥티(Shakti)라고, 중국 전통에서는 음(陰)이라고 한다.

호흡이 양쪽 콧구멍으로 균등하게 흐르고 있는 유일한 시간은 명상하고 있을 때인 것처럼 보인다. 그러므로 요기들은 마음에 균형을 가져오기 위해 그리고 명상하는 능력을 향상시키기 위해 구체적인 호흡법들을 개발했다.

대표적인 요가 호흡법인 교호 호흡 기법에서는 각 콧구멍을 통해 차례로 호흡하고, 동시에 호흡의 속도와 강도를 조절한다. 일부 요가 지도자는 이 기법을 아눌로마 빌로마(Anuloma Viloma, '결을 따라간 다음, 거스르기'를 의미함)라고 부르고, 다른 사람들은 나디 쇼다나(Nadi Shodhana, '경락 정화'를 의미함)라고 부르기도 한다.

명상을 하기 바로 직전에 이 같은 콧구멍 교대 호흡을 수련하는 것이 가장 좋다. 다음의 네 가지 동작 중에서 자신에게 적합한 방식을 선택할 수 있다. 수련을 처음한다면 한쪽 콧구멍 호흡으로 시작해서 진행해 나가면 된다.

한쪽 콧구멍 호흡

프라나야마 초보자라면 간단한 한쪽 콧구멍 호흡법으로 시작하라. 선호하는 명상 자세로 앉아서 등을 곧게 하고 입을 부드럽게 닫아라.

1. 오른손 엄지손가락으로 오른쪽 콧구멍을 막고, 넷까지 세면서 왼쪽 콧구멍을 통해 충분히 숨을 들이쉬어서 폐 전체를 채워라. 그런 다음, 여덟까지 세면서 완전히 숨을 내쉬는데, 반드시 폐에서 모든 공기를 내보내라. 이렇게 10차례 반복하라.
2. 오른쪽 콧구멍을 풀어 주고 넷째손가락과 새끼손가락을 사용해서 왼쪽 콧구멍을 막아라. 넷까지 세면서 오른쪽 콧구멍으로 깊이 숨을 들이쉬어라. 그런 다음, 여덟까지 세면서 숨을 완전히 내쉬는데, 반드시 폐에서 모든 공기를 내보내라.
3. 이렇게 10차례 반복하라. 그런 다음, 손을 풀어 주고 평소대로 호흡하라.

간단한 교호 호흡

한쪽 콧구멍 호흡을 며칠 동안 수련한 후에 약간 더 난이도 있는 호흡법으로 넘어갈 수 있다. 선호하는 명상 자세, 혹은 책상다리로 등을 곧게 하고 앉아라.

1. 오른손으로 비슈누 무드라를 하라. 엄지손가락으로 오른쪽 콧구멍을 닫고, 넷까지 세면서 왼쪽 콧구멍으로 숨을 들이쉬어라.
2. 콧구멍을 바꿔서 오른손의 두 개의 손가락(새끼손가락과 넷째손가락)끝으로 왼쪽 콧구멍을 닫고, 여덟까지 세면서 오른쪽 콧구멍으로 숨을 내쉬어라.
3. 그런 다음, 넷까지 세면서 오른쪽 콧구멍으로 숨을 들이쉬어라.
4. 콧구멍을 덮고 있는 손을 바꿔서 엄지손가락으로 다시 오른쪽 콧구멍을 닫고, 여덟까지 세면서 왼쪽 콧구멍으로 숨을 내쉬어라. 이렇게 하면 한 라운드가 완성된다. 매일 10라운드를 하려 노력하고, 반드시 완전한 호흡을 하라.
5. 이 동작을 완전히 편안하게 느낄 때까지 계속 수련한다. 익숙해졌다면 호흡 멈춤을 추가할 수 있다.(아래 참조)

호흡 멈춤 추가하기

얼마간 간단한 교호 호흡을 수련해 왔고, 이 호흡법을 완전히 편안하게 느낀다면 호흡 멈춤을 추가해 보자. 이 동작은 호흡의 흐름을 동일하게 할 뿐만 아니라, 감정을 진정시키고 스트레스를 풀어 주며 명상을 위한 마음을 준비하는 데 도움이 된다. 동시에 몸과 마음에 활기를 돋운다. 규칙적으로 수련하면 아마도 자신의 에너지가 훨씬 더 뿌리내리게 된다는 사실에 주목하게 될 것이다.

  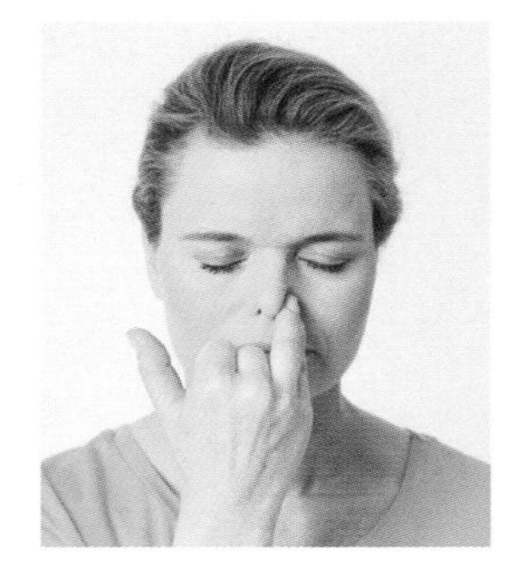

1. 오른손으로 비슈누 무드라를 하고서 엄지손가락으로 오른쪽 콧구멍을 막고 넷까지 세면서 왼쪽 콧구멍으로 숨을 들이쉬어라.
2. 양쪽 콧구멍을 꼭 집어라. 그러면 엄지손가락이 오른쪽 콧구멍을 막고 있고 두 개의 손가락(새끼손가락과 약손가락)끝이 왼쪽 콧구멍을 막고 있게 된다. 여덟까지 세는 동안 호흡을 멈추어라.
3. 오른쪽 콧구멍에서 엄지손가락을 풀어 주고 여덟까지 세면서 숨을 내쉬어라.
4. 콧구멍을 바꾸지 않고, 넷까지 세면서 오른쪽 콧구멍으로 숨을 들이쉬어라.
5. 양쪽 콧구멍을 꼭 집어서 막고, 여덟까지 세면서 숨을 멈추어라.
6. 왼쪽 콧구멍에서 손가락들을 풀어 주고 여덟까지 세면서 숨을 들이쉬어라.
7. 이렇게 하는 것이 한 라운드이다. 매일 10라운드를 하려 노력하라.

완전한 교호 호흡

호흡 멈춤을 추가하고도 이 호흡법을 하는 것이 완전히 편안하게 느껴지면 수련할 수 있는 상위의 교호 호흡이 한 단계 더 있다. 그것은 완전한 교호 호흡이다.

1. 편안한 자세로 앉아서 오른손으로 비슈누 무드라를 하고 완전히 숨을 내쉬어라.
2. 오른손 엄지손가락으로 오른쪽 콧구멍을 막고, 넷까지 세는 동안 왼쪽 콧구멍으로 숨을 들이쉬어라.
3. 양쪽 콧구멍을 부드럽게 집어서 막아라. 열여섯까지 세는 동안(숨을 들이쉴 때 세는 수의 네 배) 호흡을 멈추어라.
4. 오른쪽 콧구멍에서 엄지손가락을 풀고, 약손가락과 새끼손가락으로 왼쪽 콧구멍을 막은 상태를 유지하면서 여덟까지 세는 동안(숨을 들이쉴 때 세는 수의 두 배) 오른쪽 콧구멍으로 숨을 내쉬어라.
5. 왼쪽 콧구멍을 막은 상태를 유지하면서 넷까지 세는 동안 오른쪽 콧구멍으로 숨을 들이쉬어라.
6. 양쪽 콧구멍을 막고 열여섯까지 세는 동안 숨을 멈추어라.
7. 왼쪽 콧구멍을 풀고 엄지손가락으로 오른쪽 콧구멍을 막은 상태를 유지하면서 여덟까지 세는 동안 왼쪽 콧구멍으로 숨을 내쉬어라.
8. 이렇게 하는 것이 한 라운드이다. 매일 적어도 10라운드를 하려 노력하라. 처음에 10라운드가 너무 많다면 시간이 지나면서 점차 10라운드까지 늘려 가라.

변형

더 상급 수련자가 된다면 호흡을 하면서 세는 수를 늘릴 수도 있다. 그러나 언제나 1:4:2의 비율을 유지해야 한다. 다시 말해 4-16-8에서와 마찬가지로, 매번 숨을 들이쉬며 세는 수의 길이의 네 배만큼 숨을 멈추고, 두 배만큼 내쉬어라. 절대 비율을 바꾸지 마라.

주의

임신 중에는 이 동작을 결코 하지 마라. 대신, 멈춘 숨 없이 수련하는 것은 괜찮다.

집중력 향상을 위한 호흡 활용하기

대부분의 사람은 자신의 마음이 끊임없이 하나의 감각 경험에서 다른 감각 경험으로 재빠르게 넘나든다는 사실을 안다. 이러한 경향은 의식에 격변과 소용돌이를 만들어 내서 명상을 어렵게 만들 수 있다. 생각은 마음에 끝없는 연속적인 파도를 만들어 내기 때문이다. 이어지는 호흡법은 내적인 고요와 집중력을 향상시킴으로써 이 문제를 다루는 데 도움이 될 것이다.

벌 호흡

브라마리 *Bhramari*

브라마리 호흡을 규칙적으로 수련하면, 자기 불신과 같은 부정적인 마음과 다른 사람들에 대해 험담하려는 욕구가 사라진다. 반면 집중력·기억력·확신과 같은 긍정적인 성질들은 대단히 향상되어 거대한 내적 평화를 경험할 수 있다.

브라마리는 자신의 목소리를 발견할 수 있게 돕고, 마음속 부정적인 '재잘거림'으로부터 마음을 자유롭게 한다고 한다. 혈액 순환이 빨라지기 때문에 처음 수련을 시작할 때, 몸에서 온기가 약간 올라간다고 느낄 수 있다는 점을 염두에 두라.

1. 선호하는 명상 자세로 편안하게 앉아 등을 곧게 편다.(59~69페이지 참조) 이때 반드시 복부와 가슴이 방해받지 않도록 하라.
2. 손바닥을 무릎 위에 얹어라. 머리를 똑바로 세우고 목 근육을 이완한 상태를 유지하라.

3. 입과 입술을 부드럽게 닫고서 목구멍 뒤쪽을 조인다. 양쪽 콧구멍으로 강하게 숨을 들이쉬면서 연구개를 진동시켜 코 고는 소리를 만들어라. 코를 고는 듯한 이 들숨은 인후에 활력을 준다. 어떤 사람들은 이 소리가 인후를 깨끗하게 하려고 노력하고 있을 때 나는 소리라고 설명하기도 한다. 요가 문헌들에서는 이 소리를 커다란 검은 호박벌 또는 수벌의 윙윙거림에 비유한다.
4. 준비되었을 때 양쪽 콧구멍으로 숨을 내쉬면서 작은 꿀벌의 윙윙거림 같은 아주 높은 허밍 소리 "음"을 내라. 숨을 내쉴 때 허밍을 하면 호흡을 조절하는 데 도움이 되고 더 길게 숨을 내쉴 수 있다. 폐로부터 모든 공기를 내쉬려 노력하라.
5. 3~5차례 반복하라. 코 고는 소리를 내는 들숨을 하는 데 어려움이 있다면 그저 허밍 하는 날숨으로 시작하라. 깊게 숨을 들이쉬고 흠(hum)이나 옴(om)과 같이 'ㅁ'(m)으로 끝나는 단어를 크게 소리 낸다. 마지막 'ㅁ' 소리를 할 수 있는 한 길게 끌어라.
6. 끝날 때 눈을 감고 조용히 호흡하며 3~10분 동안 앉아 있으면서 허밍이 마음에 미친 영향을 알아차려라.

감각 차단하기

샨무키 무드라 *Shanmukhi Mudra*

산스크리트에서 샨(Shan)은 '여섯'을 의미하고 무키(Mukhi)는 '얼굴'을 의미한다. 이 수련은 외부의 자극이 의식으로 들어오는 얼굴의 여섯 개의 문, 즉 두 개의 귀, 두 개의 눈, 코, 입을 닫는다. 이 동작을 시작하기 전에 손과 얼굴을 씻는 것은 좋은 생각이다.

샨무키 무드라는 외부의 자극을 줄이는 데 도움이 된다. 이것은 프라티야하라(Pratyāhāra, 233~234페이지 참조)를 수련하는 능력을 향상시키는 데에도 탁월한 기법이다. 이 무드라는 감각들이 감각적 인상들을 받아들이는 것을 제한하므로, 평온감을 확고히 하고 싶어 하거나 과하게 활동적인 마음을 가진 이들에게 특히 유용하다.

처음 접하는 사람들은 이 수련이 어렵게 느껴질 수 있다. 그러나 계속한다면, 내면의 깊은 평화와 만족감에 사로잡히는 자신을 발견하게 될 것이다.

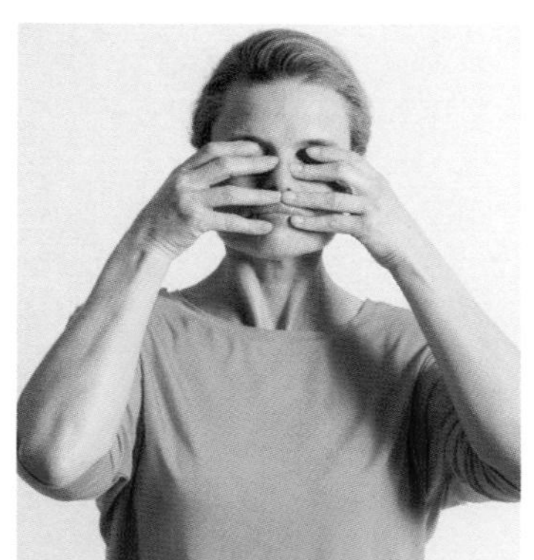

1. 선택한 명상 자세로 앉아서 등을 곧게 하고 눈을 감아라. 잠시 시간을 가지면서 그저 호흡의 자연스러운 움직임을 알아차려 본다.
2. 준비가 되었을 때 손을 얼굴로 가져와 양쪽 귓구멍에 엄지손가락의 끝을 조심스럽게 넣어라. 그런 다음, 집게손가락을 감은 양쪽 눈꺼풀에 가볍게 갖다 대라.
3. 두 가운뎃손가락을 사용해서 콧등 양옆을 부드럽게 눌러라. 이는 냄새를 받아들이는 것을 줄이지만 호흡을 완전히 중지시키는 것은 아니다.
4. 넷째손가락을 윗입술에 얹어서 입을 다물고, 새끼손가락으로 아랫입술을 위로 눌러서 부드럽게 입술이 닫히게 하라.
5. 반드시 얼굴은 부드럽게 이완한다. 그리고 어금니를 살짝 떨어뜨려서 턱 근육을 이완되게 유지하라. 마음이 안쪽으로 향할 때 코로 숨이 가볍게 들고 나게 하라.
6. 3~5분 동안 유지한다. 초점을 계속해서 더 내면화할 수 있게 되면 호흡을 조절하는 능력도 강해질 것이다. 그런 다음, 손을 내리고 명상 수련을 시작할 준비를 하라.

호흡 심상화 활용하기

호흡을 의식적으로 관찰하는 데 전념할 수 있는 시간을 만들어 보자. 외부의 방해 요인들에 쏟는 정신적 에너지를 줄일 수 있는 능력을 향상시킬 수 있다. 카팔라바티 호흡(173~175페이지 참조)과 교호 호흡(176~180페이지)을 한 후에, 명상을 유도하는 호흡에 초점을 맞추면 지극히 유용할 수 있다.

호흡 지켜보기

1. 선호하는 명상 자세로 앉아서 등을 곧게 하고 눈을 감아라. 길고 과장된 깊은 호흡을 2~3차례 하라.
2. 그런 다음, 호흡을 조절하려는 노력을 멈추고 놓아주어라. 호흡이 자체적으로 원하는 만큼 빠르게 또는 느리게, 깊게 또는 얕게 저절로 일어나게 그대로 두어라. 그저 지켜보면서 숨이 어떻게 오르락내리락하는지 알아차려라.
3. 숨이 콧구멍으로 들어가서 목구멍을 지나 아래로 내려가는 것을 느껴 보라. 기관을 지나 기관지로 들어가고 폐로 들어가서 폐포를 채우는 호흡의 길을 상상하라.
4. 들숨이 날숨이 될 때의 약간의 멈춤을 느껴 보라. 숨이 폐를 떠나 위로 움직여서 인후를 통과하여 콧구멍으로 나오는 것을 느껴 보라.
5. 들숨과 함께 즐겁게 생명을 끌어들여라. 날숨과 더불어 억눌린 감정들과 불순물들을 풀어 주라. 그리고 마음이 호흡과 함께 느려질 때, 어떻게 그 마음이 점차 고요해지기 시작하는지 관찰하라.
6. 마음이 서서히 잠든다면 그저 천천히 마음을 호흡으로 되돌려라. 호흡은 가장 자연스러운 초점이다. 편안하다고 느끼는 동안 마음과 모든 감각을 호흡에 맞추어라.

호수로 심상화하기

1. 선호하는 명상 자세로 앉아서 눈을 감는다. 마음을 생각들이 일으키는 많은 파도와 잔물결이 있는 호수라고 상상하라.

2. 처음에는 이 생각들 각각이 매우 중요하고 주의를 기울일 가치가 있는 것처럼 보일 수 있다. 그러나 그 생각들에 주의를 기울이거나, 그것들을 가라앉히려 할수록 더 많은 생각이 만들어진다. 그러므로 그 잔물결들에서 주의를 멀리 다른 곳으로 돌리고, 대신 마음 자체 즉 잔물결들과 파도들 아래에 있는 호수의 고요함에 초점을 맞추어라.

3. 누군가 다이아몬드를 호수에 떨어뜨렸다고 상상하라. 파도로 휘저어진 진흙 때문에 이 다이아몬드를 보기는 어려울 것이다.

4. 호수의 바닥에 있는 다이아몬드를 보기 위해서는 호수의 표면에 더 이상 잔물결들이 일지 않게 해야 한다. 호흡이 아주 천천히 원활해지도록 하라.

5. 계속 다이아몬드를 보려는 데 초점을 맞추고서 파도와 진흙이 가라앉게 하라.

6. 맑아지고 있는 호수를 보고, 고요해지는 호수를 느껴라. 이제 그 고요 속으로 다이빙하라.

7. 다른 생각들을 물리치려 하지 마라. 더 많이 노력할수록 더 많은 생각들이 돌아와서 힘을 얻고 에너지를 사용하게 만들 것이다. 대신, 모든 감각을 사용해서 고요에 초점을 맞추어라. 고요를 들을 수 있을 뿐만 아니라 보고 냄새 맡고 맛보고 만질 수 있다고 상상하라.

8. 마음에서 일어나고 있는 다른 일들에는 무관심해지고, 오직 다이아몬드에만 주의를 집중시켜라. 다른 생각들은 점차 흩어지게 될 것이다.

9. 그 호수(마음)가 고요해지면 다이아몬드(내면의 고요)를 아주 분명하게 볼 수 있을 것이다.

적극적으로 호흡 사용하기

명상 수련을 위한 준비로 매일 몇 분간 평화롭게 앉아서 이렇게 호흡으로 주의를 되돌리면 좋다. 물론 다른 호흡법들 중 하나를 해도 좋다.

1. 선호하는 명상 자세로 앉는다. 등을 곧게 하고서 눈을 감고 입을 다물어라.
2. 호흡을 조절하려 애쓰지 말고, 코로 부드럽게 호흡하라. 그저 호흡을 관찰하면서 숨이 콧구멍으로 부드럽게 흘러 들어오고 나갈 때의 감각을 느껴라.
3. 들숨의 시작과 중간 그리고 끝을 느껴라. 숨을 완전히 들이쉬었을 때 어떻게 호흡이 잠깐 멈추는지 지켜보라.(폐가 공기로 가득 차면 약간의 멈춤이 있다.) 그런 다음, 호흡은 스스로 방향을 바꾸어서 날숨이 된다.
4. 날숨의 시작과 중간 그리고 끝을 확인한다. 날숨이 다시 한번 들숨이 되기 전에 잠깐 멈추는 것을 알아차려라. 계속 진행 중인 이 호흡 순환에 초점을 맞추어라. 호흡이 길 수도 있고 짧을 수도 있지만, 호흡을 바꿀 필요는 없다. 중요한 점은 호흡을 규칙적일 수 있게 놓아 두고, 지켜볼 수 있게 되는 것이다.
5. 호흡을 지켜볼 때 들숨과 날숨의 상이한 특성들뿐만 아니라, 각각의 숨의 끝에 멈추는 숨의 특성들도 알아차려라.
6. 호흡 외에 어떤 대상으로 주의가 옮겨가는 것을 알게 되면, 그저 그 대상이 영구적이 아니고 변화하는 본성을 가지고 있다는 사실을 알아차린다. 그리고 조심스럽지만 확고하게 주의를 호흡으로 가져가라.
7. 가려움이나 조임 또는 통증과 같은 불쾌한 감각이 일어나고 주의가 그 감각으로 끌려 갈 수도 있다. 그저 그 부위에 숨을 들어가게 하고, 매번 숨을 내쉴 때마다 약간씩 그 감각을 내보내는 자신을 심상화하라.
8. 지나가는 차량 소리나 누군가 말하는 소리를 듣는 것과 같이 감각들 중 하나가 자극을 받게 되어 감각적 인상이 일어날 수 있다. 그저 그 감각을 관찰한 다음,

조심스럽지만 확고하게 주의를 호흡으로 돌리고서 그것이 일어나고 가라앉는 것을 지켜보라.

호흡에 귀 기울이기

1. 선호하는 명상 자세로 앉아서 등을 곧게 편다.
2. 눈을 감고 길고 과장된 깊은 호흡을 몇 차례 하라. 그런 다음, 호흡을 놓아주어서 호흡이 자연적 리듬으로 돌아갈 수 있게 하라. 호흡이 자체적으로 원하는 만큼 빠르게 또는 느리게, 깊게 또는 얕게 저절로 일어나게 그대로 두어라.
3. 호흡을 조절하려 하지 마라. 그러나 호흡 소리를 집중점으로 사용하라. 의식을 인후 뒤쪽으로 가져가서 호흡이 이 부위를 통과하여 지나갈 때 열중해서 호흡의 소리에 귀 기울여라.
4. 숨을 들이쉴 때 자연스럽게 "소(so)" 소리가 나고, 숨을 내쉴 때 "함(hum)" 소리가 난다는 사실에 주목하라. 산스크리트에서 "소-함(so-hum)"은 심오한 만트라로, 소우주(Microcosm)인 인간을 대우주(Macrocosm)와 연결한다. 살아 있는 한 호흡은 계속해서 이 소리를 반복한다.
5. 이것은 호흡의 자연발생적인 소리다. 그것을 일부러 꾸며 내지 말고, 호흡이 자연스럽게 이 소리를 반복할 때 그 호흡에 귀를 기울여라. 점차 마음은 고요해지기 시작할 것이다. 마음이 호흡의 자연적 리듬과 소리에 연결되면서 느려지고 더 평화로워지는 것을 느껴라.
6. 계속 호흡에 귀 기울여라. 마음이 딴 곳으로 흘러가 산만해지면, 그저 천천히 마음을 호흡으로 되돌려라. 호흡하면서 마음을 완전히 호흡의 자연발생적 소리에 초점을 맞춘 상태로 유지하라. 엄청나게 활기차지고 세상과 사이가 좋아지며, 명상하는 데 더 잘 준비되었다고 느끼는 자기 자신을 발견할 것이다.

Chapter 6

몸과 마음의 균형을 찾는 식단과 생활습관

"식습관을 바꿔서 더 많은 자연식을 포함하라.
그러면 몇 달 내에 알게 되고, 고요히 앉아 있게 될 것이다."

— 사드구루(Sadguru)

"생활은 단순하게, 생각은 높게."

—스와미 쉬바난다(Swami Sivananda)

식습관과 라이프스타일

식습관과 생활 방식은 명상 수련을 진전하는 데 있어 막대한 영향을 미친다. 매일의 음식과 일상적 활동이 우리의 일상에서 큰 비중을 차지할 뿐만 아니라, 평화롭고 방심하지 않을 수 있는 마음의 능력도 좌우하기 때문이다. 좋은 명상을 위해서는 가벼운 몸과 건강한 마음을 모두 챙기는 것이 가장 바람직하다.

나쁜 식습관이나 충분한 휴식을 취하지 못하는 것과 같은 부정적인 생활습관은 내면의 평화를 방해할 수 있다. 명상을 하려 했지만 너무 졸립거나 무기력하다고 느꼈던 때, 또는 무수히 많은 잡념들이 질주하듯 빠른 속도로 스쳐 지나갔던 때를 생각해 보라. 그 당시에는 그것에 대해 생각하지 못했을 수도 있지만, 그것은 섭취하는 음식이나 일상적인 생활습관에 따른 결과일 가능성이 높다. 그러므로 식습관 그리고 생활습관에 대해 이해하면 명상에 접근하는 방식을 변화시키는 데 도움이 될 수 있다. 또한 삶을 더 영양가 있고 충만한 방식으로 사는 데 가까워진다.

일반적으로, 자신을 위해 선택한 건강한 생활습관을 더 보살필수록 명상하기는 더 쉬워질 것이다. 결국 명상을 더 많이 할수록 어떤 생활습관을 선택할 때 명상이 더 뒷받침되고 향상되는지 관찰하는 데 더 민감해질 것이다. 그에 따라, 마치 수련을 부정하듯 수련을 방해하거나 좌절시키는 행위와 식습관을 더 잘 놓아버리는 자신을 발견할 것이다.

음식이 마음에 미치는 영향

무엇을 먹고 어떻게 먹는지는 우리 모두에게 매우 중요한 문제다. 신체적 건강과 정신 상태, 명상할 수 있는 능력 사이에는 강력한 연관이 있으며, 먹는 것은 이 세 가지 모두에 큰 영향을 미친다.

명상에 도움이 되는 관점들 가운데 하나는 음식을 몸뿐만 아니라 마음을 위한 자양분으로 보는 것이다. 이렇게 보는 습관을 기르면 장기적으로 큰 도움을 받을 수 있다. 어떤 음식은 활력으로 가득 차 있고, 어떤 다른 음식은 정신적 능력들을 우둔하게 하거나 지나치게 자극할 수도 있다.(192~195페이지 참조)

처음에는 배를 채우기 위해 먹는 경향 때문에 식습관을 바꾸기 어렵다고 느낄 수도 있다. 음식이 정신적 능력들에 어떤 영향을 미치는지 별로 생각하지 않고서 편리하거나 맛있는 음식이라면 무엇이든지 먹는 데 익숙할 수도 있다.

그러나 음식의 에너지적 가치를 더 고려할수록 매일 더 나은 선택을 할 수 있는 능력을 잘 갖추게 될 것이다. 또한 시간이 쌓일수록 무엇이 활기를 북돋운다고 느끼게 하는지, 무엇이 기운을 빠지게 하는지를 아는 데에만 더 민감해질 것이다.

이 장에 있는 정보들에서 음식이 명상 수련에 미치는 영향에 대한 보다 큰 통찰력을 얻게 되기를 희망한다.

음식의 에너지 특성

요가와 아유르베다를 포함한 인도의 철학적·의학적 체계에서는 에너지적 성질을 구분하는 전통이 있다. 그리하여 모든 에너지를 산스크리트로 구나(Guna)라고 알려진 세 가지 기본적인 '자연의 성질'로 범주화한다. 이것들은 육체, 마음, 감정, 당신이 하는 행위, 당신이 먹는 음식을 포함한 모든 것을 아우른다.

- **사트바(Sattva)**: 가벼움, 순수함, 균형의 성질이다. 마음을 고요하게 하고, 건강하고 활력 있는 상태로 유지하게 해서 명상하며 잘 집중할 수 있게 한다.
- **라자스(Rajas)**: 움직임, 활성, 열정의 성질이다. 마음을 자극하고 지나친 생각들로 가만히 있지 못하게 하여 명상하기 어렵게 만든다.
- **타마스(Tamas)**: 어두움, 불활성, 게으름의 성질이다. 명상할 때 잠이 들게 하거나 또는 애초에 앉는 것을 미루게 할 수 있다.

이 세 성질은 언제나 함께 존재하고 상호 작용하면서 끊임없이 변화한다. 명상 수련자가 되려는 사람으로서 이상적인 것은 자신의 생활 전반에서 사트바 성질을 증가시켜 건강한 몸과 평화로운 마음 모두를 더 안정적으로 유지하는 것이다. 그리고 이를 시작하는 좋은 방법은 규칙적으로 먹는 음식의 성질을 검토해 보는 것이다.(201페이지 참조)

사트바적 음식

사트바적 음식은 몸에 영양분을 공급할 뿐 아니라, 마음을 고요하게 하고 지성을 예리하게 만든다. 일반적으로 긍정적인 에너지·기분 좋음·활력·정신적 명료함·명상에 도움이 되는 평온감 등을 촉진하는 순수한, 건강에 좋은, 자연의 음식을 말한다.

라자스적 음식

라자스적 음식은 몸과 마음 둘 모두를 지나치게 자극하고 흔들 수 있다. 이 때문에 종종 침착하지 못함, 화, 부러움, 탐욕, 질투, 긴장, 스트레스, 그 밖의 부정적인 감정들을 불러일으키기도 한다. 이 모두는 너무 활동적이어서 명상에 방해가 될 수 있다. 라자스적 음식은 가공식품과 지나치게 짜거나 과하게 향신료가 든 음식 그리고 화학조미료를 포함한다.

라자스가 우세한 사람들은 빈번히 알맞게 씹지 않고 걸신들린 듯 급하게 먹는다. 그 결과로 좋지 않은 소화력과 나쁜 건강 상태에 빠질 수 있다.

앉아서 하는 명상은 라자스의 지나치게 자극하는 성질을 분산시키는 효과적인 방법이다. 마음을 가라앉히려 할 때 자주 좌절이나 화를 경험한다면, 자애 명상(237~239페이지 참조)이나 '네 가지 덕목'(21~23페이지 참조)으로 알려진 평화로운 태도를 기르는 것이 도움이 된다는 것을 알게 될 것이다.

타마스적 음식

타마스적 음식은 마음을 굼뜨게 만들고, 무겁고 무기력한 느낌을 낳는다. 또 벌어지는 일들을 실제 상태보다 더 나쁘게 느끼도록 만들며(심지어 우울증으로 빠지게 할 가능성도 있다.), 너무 피곤해서 명상할 수 없다고 느끼게 만들 수도 있다. 타마스적 음식은 지나치게 여러 번 다시 데운 음식뿐만 아니라, 신선하지 않거나 상했거나 맛이 없는 음식을 포함한다. 지나치게 타마스적인 식습관은 무관심, 무감각, 높은 이상과 목표의 결여, 슬픔과 무기력 또는 외로움의 느낌으로 이어질 가능성이 높다.

타마스를 줄이려면 타마스적인 음식, 지나친 수면, 과식, 나태함과 (호러 영화나 과도하게 폭력적인 영화를 포함해서) 무서운 상황을 피하라. 타마스로부터 멀어지는 것은 매우 힘든 일일 수 있다. 왜냐하면 타마스의 본성이 대개 우리 내면에 스스로 벗어날 수 없으며 현재 하고 있는 것을 할 수밖에 없다는 환영을 만들어 내기 때문이다.

규칙적으로 앉아서 하는 명상의 고요함이 타마스적 감각을 증가시켜 줄 수도 있다. 규칙적인 명상적 걷기 또는 규칙적인 챈팅을 고려해 보라.

마음과 기분에 영향을 주는 물질을 피하라

대체로 만족스럽고 지속할 수 있는 명상 수련의 이점들을 계속 거두어들이고 싶다면, 기분에 영향을 주는 모든 종류의 것들을 삼가는 것이 가장 좋다. 커피, 홍차, 녹차, 설탕, 술, 담배, 니코틴 패치, 유흥 약물 등 무엇이든 간에 삼가라. 명상하려 앉기 바로 직전에는 특히나 그렇다.

그러한 물질들은 일시적으로 기분을 좋게 만들 수도 있지만 그 후에 실망감이나 무력감을 가져올 수 있다. 반면 규칙적인 명상 수련을 하면 평화롭고 유지 가능한 자연스러운 기분 좋은 상태가 될 것이다.

수련을 통한 온전히 현존하고 집중된 상태의 이점들을 관찰해 보자. 명상이 정말 유익한 기분 좋은 상태를 제공해서 자신이 더 이상 이러한 물질들을 갈망하지 않는다는 사실을 발견할 수도 있을 것이다.

사트바적 음식

- 신선한 과일과 베리(장과)류
- 황(黃) 없는 말린 과일
- 갓 짠 주스
- 유기농 견과·씨앗·새싹
- 유기농 오일
- 꿀, 단풍나무 시럽과 아가베 시럽
- 생야채와 가볍게 요리한 야채
- 가공되지 않은 통곡물(통곡물 시리얼·빵·파스타)
- 콩류(콩과 식물)와 최소한 가공된 식물성 단백질
- 신선한 허브와 허브차
- 제철에, 비폭력적 태도와 조화되게 먹는 현지에서 재배된 먹거리
- 보살핌과 사랑으로 준비된 음식

라자스적 음식

- 양파와 마늘
- 고추와 매운 향신료
- 과량의 소금
- 매우 신 음식
- 정제 설탕
- 탄산음료
- 초콜릿
- 커피와 차(녹차와 홍차)를 포함한 카페인이 든 음료
- MSG와 그 외 다른 식품 첨가물
- 감자튀김, 감자칩, 소금 프레첼과 그 외 간편 스낵
- 급하게 먹기(제대로 씹지 않음)
- 분노나 부정적인 에너지를 가지고 준비된 음식

타마스적 음식

- 고기, 생선, 가금류의 고기, 계란
- 식초
- 유흥 약물
- 담배, 니코틴
- 술
- 지나치게 익히거나 태우거나 발효된 음식
- 튀긴 또는 신선하지 않은 음식
- 방부제와 화학첨가물로 가득한 음식
- 대부분의 포장 음식과 패스트푸드
- 돈을 버는 것이 주된 동기로 준비된 음식

의식적으로 먹기

먹는 법은 단지 어떤 음식을 먹을지 선택하는 일만이 아니다. 어떻게 음식을 먹는지 또한 당신의 몸과 마음에 영향을 주고, 얼마나 성공적으로 명상을 하는지에 영향을 준다.

다음의 내용은 명상 수련의 진전에 도움이 되는 마음챙김 식사를 시작하기 위한 몇 가지 가이드라인이다. 또한 이어지는 차트를 참조하면 해야 할 것들과 하지 말아야 할 것들에 관한 매우 귀중한 몇 가지 팁을 얻을 수 있다.

마음챙김 식습관을 위한 가이드라인

- 음식을 준비하는 방식과 그때의 마음은 중요하다. 집중하며 즐겁게 요리한다면 그 음식의 바탕이 되는 식재료들의 영양분을 더 잘 이용할 수 있게 될 것이다.

- 식사를 시작하기 전에 잠시 시간을 내어 감사를 표현하라. 기도문을 읊든지, 아니면 그저 잠시 침묵의 시간을 가져라. 이 음식이 접시에 담기기까지 들어간 에너지와 노동에 대해 감사함을 느껴라.

- 충분히 건강하고 음식의 맛과 영양적 가치를 진정으로 느낄 수 있음에 감사하라.

- 어떻게 먹고 있는지에 주의를 기울여서, 정말 음식을 '음미'하라. 멀티태스킹, 즉 동시에 여러 가지 일을 하려 하지 마라. 컴퓨터 앞에서 일하거나 TV를 시청하거나 또는 전화 통화를 하지 않는 대신, 평화롭게 식사하기 위한 시간과 공간을 만들어라. 많은 사람이 자신들이 먹고 있다는 사실을 거의 알아차리지 못하는데, 그 이유는 마음이 동시에 다른 곳에 초점을 맞추려 하고 있기 때문이다.

- 음식에 주의를 기울일 때 그 음식은 더 맛있어지는 경향이 있다. 소화가 입에서 시작한다는 사실을 기억하면서 한 입 한 입 천천히 꼭꼭 씹어라. 먹고 있는 것의 맛을 즐기면 소화가 촉진된다. 비록 천천히 음식을 먹는 이유가 감각적인 즐거움 때문은 아니지만, 보다 마음을 챙기며 먹을 때 음식을 즐길 가능성도 더 높아질 것이다.

- 종종 침묵 속에서 음식을 먹어 보라. 이는 마음의 고요를 향상시켜 줄 것이다.

- 다른 사람들과 함께 식사를 할 때 평화로운 태도를 유지하려 노력하라. 식탁에서 언성을 높이거나 말다툼하기를 피하라. 왜냐하면 이는 소화를 방해하기 때문이다.

- 식사를 마치면 감사한 마음을 가져라. 단지 잠깐의 침묵의 감사여도 좋다.

- 카페인 소비를 피하거나 줄여라. 카페인은 이미 동요하고 있는 마음의 성질을 강화하는 자극제여서 명상 수련을 방해하기 때문이다.

- 설탕 소비를 피하거나 줄여라. 설탕 역시 내적 평화의 경험을 방해할 약한 자극제다.

- 고기를 먹는다면 그것이 몸과 명상하는 능력에 미칠 수 있는 부정적인 영향들을 주의 깊게 살펴보라. 명상 수련자가 되려는 많은 사람은 비폭력의 원칙에 따라서 식습관에 있어 채식주의자나 비건이 되는 경향이 있다.(209~210페이지 참조)

- 식습관에 있어서 어떤 근본적인 변화를 계획하고 있다면 반드시 그 변화가 점진적으로 일어나게 하라.

해야 할 것들

- ∨ 사랑을 담아, 집중해서 요리하라
- ∨ 살기 위해 먹어라
- ∨ 먹는 음식에 대해 감사를 표하라
- ∨ 앉아서 식사하라
- ∨ 음식에 완전히 주의를 집중하고, 음식을 음미하려 노력하라
- ∨ 각 식사 시간을 바쁜 하루 중 고요의 오아시스로 만들어라
- ∨ 음식을 천천히, 완전히 씹어라
- ∨ 몸에 귀 기울여서 위장이 차기 전에 멈춰라
- ∨ 조용히 식사하라
- ∨ 건강한 음식으로 자신에게 영양분을 공급하기 위해 식사하라
- ∨ 가족과 친구들과 함께 식사하거나 혼자 식사하면서 침묵을 즐겨라

하지 말아야 할 것들

- x 허둥대면서 서둘러 음식을 만들지 마라
- x 먹기 위해 살지 마라
- x 음식을 낭비하지 마라
- x 급하게 식사하지 마라
- x 식사하면서 멀티태스킹을 하지 마라
- x 책상에서 또는 전화하면서 식사하지 마라
- x 음식을 게걸스럽게 삼키거나 게 눈 감추듯 먹어 치우지 마라
- x 위장을 너무 많이 채우지 마라
- x 화가 나거나 스트레스를 받았을 때 먹지 마라
- x 감정을 충족시키기 위해 위안을 주는 음식(Comfort Food)에 의존하지 마라
- x 외로움, 우울함, 지루함 또는 자신에게 보상하고 싶은 마음 때문에 먹지 마라

명상으로서의 식사

의식적으로 다른 활동들을 멈추고 고요히 앉아서 명상할 때, 그 순간에 온전히 자신과 함께 현존할 수 있다. 먹는 일에 대해서도 완전히 집중하기로 선택한다면 식사를 위해 앉는 것도 유사하게 느낄 수 있다. 이렇듯 마음챙김 식사는 앉아서 하는 명상에 대한 보조적인 수련이 될 수 있다.

실제로 먹기 시작하기 전에 완전히 주의를 집중해서 음식을 살피는 시간을 가지면 좋다. 음식의 색감, 질감, 조리 방식에 주목하라. 시각과 후각으로 충분히 음미한 후에 음식을 맛보기 시작하라.

한 번에 한 입씩 음식을 입에 넣어서 맛과 농도를 완전히 음미하라. 음식이 잘 씹히지 않거나 딱딱하거나 부드럽거나 아삭아삭하거나 덩어리가 많거나 진득진득하거나 바삭바삭하다면 주목하라. 더 두드러지는 맛과 미세한 맛에 대해 알아차려라. 음식을 먹을 때 그 음식에 대한 육체적·정신적·감정적 반응에 주목하라. 씹을 때 입술과 턱, 혀의 움직임을 알아차려라.

한 입 한 입 사이에, 즉 한 입 먹을 때마다 잠시 멈추어라. 한 조각씩 씹기를 마친 후에, 다음 한 입을 위해 음식을 집어 들어라. 조금씩 씹기를 계속해서 완전히 다 씹은 다음에, 삼키고서 몇 차례 숨을 쉬어라. 음식 그 자체뿐만 아니라 한 입 한 입 사이의 시간을 즐기는 법을 배워라.

매일 명상적으로 먹기를 적어도 한 차례 수련하라. 결국 습관적으로 마음챙김 식사를 하게 되고, 음식을 덜 먹지만 음식에 대해 더 깊이 음미하고 더 많이 감사하게 된 변화를 알아차릴 것이다. '식사하는 동안 명상하는 것'보다는 오히려 식사의 과정 자체가 거의 명상과 같다는 것을 느껴라.

삶을 간소화하기

명상 수련을 진전시키는 데 진지하다면, 명상적인 생활 습관을 만드는 것이 도움이 된다. 현재의 많은 불필요한 방해 요인들 없이 어떻게 더 간소하게 살 수 있는지 되돌아보자. 물론 안전하고 건강하게 살기 위해서는 기본적인 것들이 필요하다. 그러나 삶의 상당 부분이 실제로는 필요하지 않은 것들을 사기 위해 돈을 버는 데 집중되어 있다는 사실을 깨달을 수도 있을 것이다.

편안함과 평온함을 빈번히 방해하는 활동들을 알아차리기 시작하라. 예를 들면, 지나치게 자극적인 음식과 음료, 폭력적인 영화나 책이 몸과 마음에 미치는 영향 등을 살펴볼 수 있다. 여기에 생활에서 할 수 있는 간단한 변화들로 된 몇 가지 제안이 있는데, 이것들은 명상 능력을 크게 향상시킬 것이다.

잡동사니 정리하기

집과 업무 공간의 상태는 자신의 마음 상태를 반영하는 경향이 있다. 마찬가지로 주변 환경과 공간은 건강과 명상하는 능력과 직접적으로 연관되어 있다. 그러므로 집과 업무 환경에서 물질적 잡동사니들을 최소화하기를 권한다. 자신을 둘러싼 물건의 수를 줄이면 마음이 자유로워지고 더 효과적으로 집중할 수 있게 될 것이다.

멀티태스킹은 환상이다

비록 멀티태스킹이 멋있어 보이고 자주 옹호되지만, 사실상 효율성을 감소시킬 수 있다. 왜냐하면 마음은 실제로 오직 한 번에 하나의 것에만 집중할 수 있기 때문이다. 마음은 동시에 몇 가지 일을 함께 작업하고 있다는 인상을 갖곤 하지만, 실은 동시에 여러 가지를 하려 노력함으로써 그저 귀중한 에너지를 사용하여 이것과 저것 사이를 휙휙 왔다 갔다 할 뿐이다. 마음을 어떤 하나의 활동이나 집중점에 오랫동안 유지하도록 훈련한다면, 삶에서 효율성을 크게 높일 뿐만 아니라 명상에서의 경험도 근본적으로 향상될 것이다.

자발적 침묵

산스크리트로 마우나(Mauna)로 알려진 자발적 침묵은 마음을 보호하고 정화하고 집중시키기 위한 강력한 기법이다. 명상을 수련하는 많은 사람들이 하루에 적어도 한 시간 이상 언어적 침묵을 지키려 노력하거나, 아마도 상황이 허락한다면 한 주에 하루를 완전한 침묵 속에서 보내려 한다.

자발적 침묵을 습관화하는 일은 어렵지 않다. 자연 속에서 산책이나 조깅을 하거나 요가를 수련하거나 또는 정원 가꾸기나 채소 썰기와 같이 몸으로 하는 어떤 일이든 그 일을 하는 동안 침묵할 수 있다. 핵심은 무엇을 하든지 간에 음악을 듣거나 TV를 보지 않으면서 침묵 속에서 하는 것이다. 이때 빠르게 하는 운동 혹은 독서와 같이 지적인 집중을 필요로 하는 일은 피하는 것이 좋다.

외적인 소음을 줄임으로써 정신적이고 내적인 상황이 실제로 얼마나 바쁜지 알아차리기 시작할 것이다. 처음에는 다양한 생각과 오래된 걱정들 그리고 부정적인 감정들이 올라와서 침묵을 깨도록 유혹할 것이다. 그러나 마치 생각들이 위로 떠올라서 하늘 속으로 사라지는 거품들인 것처럼 그저 그 생각들을 지켜보고 지나가게 두라.

앞서 말했던 것처럼 적어도 일주일에 한 번 완전한 고요 속에서 식사를 한다면, 소화력이 개선되고 마음이 내면으로 끌어당겨진다는 것을 알게 될 것이다.

마우나, 즉 침묵 수련은 정신적 자각이 높여서 떠들썩한 생각들과 감정들을 조용하게 만드는 데 도움을 준다. 또한 마음이 더 평화로워지기 때문에 명상하는 능력을 크게 향상시킨다.

전자 단식 (E-단식)

명상 수련자들 사이에서 인기를 얻고 있는 수련법은 '전자 단식'이다. '디지털 디톡스'나 '디지털 안식일' 또는 '플러그 뽑기'로도 알려져 있다. 전자 단식은 스마트폰, 인터넷, 소셜 미디어를 포함한 전자 기기와 서비스를 자발적으로 삼가는 것을 의미한다. 당신이 삶을 되찾고 다시 삶의 균형을 잡는 데 도움을 줄 것이다. 목표는 하루 24시간, 일주일 내내 언제나 방해 요인들의 인질로 붙잡혀 있지 않게 되는 것이다.

인터넷이 없고, 핸드폰을 끄고, TV를 시청하지 않는 날을 정해 둘 수도 있다. 이날은 매주 또는 매월의 이벤트가 될 수 있다. 비록 전자 단식은 단기적으로 불안을 증가시킬 수 있지만, 장기적으로는 다른 활동들에 집중할 수 있게 하고 정신적인 명료함을 향상시켜 줄 것이다.

특정한 시간에 완전히 절제하지 않는 방식도 가능하다. 하루 중 특정한 시간에만 전자 미디어에 접속하도록 허용하는 것은 좋은 생각이다. 예를 들면, 명상하기 바로 직전에 인터넷 검색이나 메시지 체크를 하지 않는 것이 가장 좋다. 어떤 사람들은 '오후 8시부터 오전 8시까지'와 같은 그런 일상적 전자 블랙아웃 시간을 가지는 것을 선호하기도 한다.

TV와 영화 줄이기

시각과 청각은 가능한 한 많은 감각 정보를 받아들이기 위해 계속 탐구함으로써 많은 정신적 에너지를 흘러 나가게 한다. 그러므로 TV나 대중 매체와 같은 감각적 탐닉에 쓰는 시간을 줄이면 다른 활동들을 위한 에너지를 마련하는 데 도움이 될 수 있다.

텔레비전은 본질상 마음챙김에 상반된다. 그것은 현재의 순간으로부터 도피하기 위한 것이다. 반면 명상은 현실 도피가 아니라, 현재의 순간에 완전히 자신에게 몰두하는 것이다. 그러므로 규칙적인 명상 수련을 하면, 아무 생각 없이 봐도 되는 오락물이나 불필요한 폭력을 덜 즐기는 자신을 발견하게 될 것이다. 실제 삶의 순간순간의 경험에 더 완전하게 참여하게 되기 때문이다.

Chapter 7

세상과 자기 자신을 대하는 마음가짐

“다른 사람들과의 상호 작용에는
다섯 가지 보편적인 수행의 정신이 있어야 한다.
비폭력, 진실함, 훔치지 않음, 성적 금욕, 탐욕 없음.”

— 파탄잘리, 『요가 수트라』, 2.30

“자신과의 관계에서
청정, 만족, 고행, 자기 학습, 에고의 항복이라는
다섯 가지 내적인 수행이 지켜져야 한다.”

—파탄잘리, 『요가 수트라』, 2.32

명상에서 벗어나 세상 속으로

동양철학에서는 흔히 진흙에 뿌리를 내린 식물인 연꽃의 상징성을 사용한다. 진흙이 끈적끈적하고 더러울수록, 이 수생식물은 더 행복한 것 같아 보인다. 연꽃은 물에서 살지만, 그 이파리들은 영향을 받지 않는다. 즉 그것들은 젖거나 쪼글쪼글해지지 않는다. 진흙에 뿌리내린, 연꽃은 오직 빛을 향해 자라기만을 원하는 것처럼 보이는 아름다운 꽃을 피운다.

연꽃처럼 삶을 살아간다면 아주 멋지지 않겠는가? 다시 말해서, 평화로운 명상을 규칙적으로 수련함으로써 내면의 평화에서 오는 '빛'을 향해 뻗어 나가는데 계속 확고할 수 있다면 삶이 얼마나 달라질까? 그동안 내내 세상이라는 '진흙탕' 속에서 손상되지 않고 깊이 뿌리를 내려 안정적일 수 있다면 놀랄 만하지 않겠는가?

철학과 인간 본성 둘 모두에 대한 연구를 해오면서, 나는 이러한 마음 상태가 모든 일에서 절제를 추구함으로써 가장 잘 얻어질 수 있는 것 같다는 결론에 다다랐다. 미각의 노예이거나 감각의 문제에 사로잡혀 있다면, 미식가든 수다쟁이이든 간에 명상 수련이 어려울 가능성이 높다. 식사를 건강하게 하지 않거나 충분한 휴식 없이 억지로 자신의 한계를 넘어가려고 노력한다면, 명상을 하며 자신을 가라앉히고 고요를 발견하는 데 어려움을 겪게 될 것이다.

절제와 균형

어떤 사람들은 명상을 내면의 평화로 가는 신비한 길로 볼지도 모르겠지만, 명상의 토대는 일상생활의 기본에 있다. 즉 다른 사람들 및 주위 환경과 어떠한 관계를 맺는지, 자신과는 어떤 관계를 맺는지에 달려 있다.

명상을 수련하기 시작하면, 마음이 더 집중되고 더 강해지게 된다는 사실을 알게 될 것이다. 윤리 · 도덕 · 개인의 성실성 · 규율이 없다면, 이는 강력한 부정적인 방해 요인들을 당신의 삶에 밀어 넣는 것과 같다.

정신의 힘을 높이는 잠재력이 필시 타락할 수 있을 것이라는 점을 깨달은 고대의 많은 스승들은 자신의 교의에 생활에서의 지침을 포함시켰다. 이러한 지침들은 당신이 마음과 동기들을 정화하는 데 도움을 주도록 만들어졌다. 내면의 평화감이 높아지면 새로 발견된 얼마간의 정신적 능력을 오용하려는 유혹을 보다 잘 피할 수 있을 것이다.

요가 전통에서 이 지침은 산스크리트로 야마(Yama)와 니야마(Niyama)라는 윤리적 계율의 형태로 나타난다. 이것들은 결코 두려움을 불러일으키는 가혹한 규율들이 아니다. 대신, 더 알아차리고 더 성실하며 더 기쁜 삶의 방식을 제안한다. 평화로운 삶을 위한 유용한 지침들과 경계들을 제공하는 것이다. 이 가치들을 수련한다면, 더 긍정적인 방향으로 나아가는 자신의 행동과 생각을 발견하게 될 것이고, 결국 명상 수련에 잘 반영될 것이다.

야마는 다른 사람들과 주위 환경 그리고 전반적인 삶과 건강한 관계를 맺는 방식, 즉 외부로 맞춰진 면을 가진 계율이다. 그것들은 삶을 간소화하고 주위 사람들과 더 평화로운 상호 작용을 하며 마음의 평온함을 돕는 마음챙김과 자기 관리를 위한 지침을 제공한다. 야마를 배우고 실천하려 애쓰는 것은 다음의 것들을 향하는 길이다.

- 비폭력(아힘사, Ahimsā)
- 진실함(사티야, Satya)
- 훔치지 않음(아스테야, Asteya)
- 지나친 관능성을 절제함(브라마차리야, Brahmacharya)
- 탐욕으로부터의 자유(아파리그라하, Aparigraha)

니야마는 자신과의 관계를 다루는 교의들에 관한 계율들이다. 그것들은 자신의 행위에 대해 스스로 완전히 책임지도록 장려함으로써 자기 역량 강화(Self-Empowerment)의 긍정적인 수단들을 제공한다. 그것들은 다음의 것들로 구성되어 있다.

- 육체적 · 정신적 청정(샤우차, Saucha)
- 만족(산토샤, Santosha)
- 자발적 고행(타파스, Tapas)
- 자기 학습(스와디야야, Swādhyāya)
- 자기 항복(이슈와라-프라니다나, Īshwara-Pranidhāna)

이 장에서는 세상과 자기 자신을 대하는 마음가짐을 살펴볼 것이다. 다음은 야마와 니야마에 관한 윤리적 원칙 각각에 대한 기본적인 설명이다. 더불어, 그 원칙들을 따라서 삶을 살아가고 있는지 스스로에게 물어볼 수 있는 몇 가지 질문들도 살펴보자.

"오, 명상을 사랑하는 이여, 순수하고 깨끗하게 되어라.
마음과 말 그리고 몸의 비폭력을 준수하라.
결코 다른 이들의 마음을 아프게 하지 마라.
다른 이들의 감정을 상하게 하지 않도록 하라.
아무에게도 해를 끼치지 마라. 모든 이를 도와라.
다른 이들을 두려워하지도, 겁먹게 하지도 마라."

— 스와미 묵타난다

사람들과 관계 맺기

다섯 가지 야마 Yama

평화로운 명상 경험이 삶의 나머지 부분까지 계속 이어지게 되는 것과 꼭 마찬가지로, 매일의 일상을 어떻게 사는지도 명상에 영향을 준다. 야마들로 알려진 다음의 간단한 요가적 지침들을 준수한다면, 명상하려 앉았을 때 마음이 훨씬 더 편안하고 고요해질 수 있다. 다시 말해, 이 규칙들을 따르는 것이 좋은 명상의 기초를 만들어 준다는 뜻이다.

야마의 가치들은 모두 단순하지만, "남에게 대접받고 싶은대로 남을 대접하라."라는 매우 중요한 개념으로 요약될 수 있다.

비폭력

아힘사

비폭력(아힘사)을 지킨다는 것은 명상 수련자가 되고자 하는 사람의 궁극적 도구다. 이는 모든 행동, 말, 생각(심지어 꿈에서조차) 모두에서 다른 사람들과 자신 양자에게 친절하고 자비롭다는 것을 의미한다.

아마도 명상하는 사람들에게 가장 큰 위협이 되는 폭력은 자신에게 향하는 폭력일 것이다. 많은 사람들이 자신을 비하하고, 육체적 운동을 지나치게 하고, 건강하지 못한 식사를 하고, 담배를 피우는 등의 일들을 하면서 자신에 대한 비폭력을 잊는다.

더 '비폭력적인' 삶을 살려고 애쓰는 것이 중요하긴 하지만, 비폭력과 수동적인 것을 혼동하지 않게 주의하라. 폭력을 무시한 채 적극적으로 폭력을 멈추려는 노력을 전혀 하지 않는다면, 폭력 자체에 관여하게 되고 만다.

비폭력에 대해 자신에게 물어야 할 질문들

1. 습관적으로 사람들에게 해로운 생각이나 상처 주는 말을 하는가?
2. 자신을 폄하하는 데 사용하는 부정적인 사고 패턴이 있는가?
3. 비폭력이라는 핑계하에 내가 가진 두려움을 감추는가?

진실
사티야

말과 행동이 일치할 때, 그리고 이 둘 모두가 생각과 잘 맞을 때, 사티야에 대한 전념이 이루어진다. 항상 진실하다는 것이 비현실적이거나 너무 어려워 보일 수도 있지만, 수련을 하다 보면 점차 더 쉬워질 것이다.

진실한 사람이 된다면, 자신에게든 다른 사람들에게든 누구에게도 숨길 것이 없기에 두려움이 없으며 강력하다. 생각과 말 그리고 행동을 더 진실하게 만들 때, 삶은 더 조화로워지고, 명상 역시 더 깊고 더 평화로운 느낌이 든다는 사실을 알아차리게 될 것이다.

진실에 대해 자신에게 물어야 할 질문들

1. 스스로에 대한 불쾌한 진실들을 얼마나 기꺼이 직면하는가?
2. 지키지 못할 약속을 자주 하는가?
3.'해롭지 않은' 반쪽의 진실을 말하는 경향이 있는가, 또는 나의 목적에 맞게 진실을 왜곡하는 경향이 있는가?

훔치지 않음

아스테야

아스테야는 '훔치지 않음'으로 번역될 수도 있다. 하지만, 가장 엄밀하게 말하자면, 다른 사람들과 자신 모두에 대한 수그러들지 않는 아량의 정신도 포함한다.

필요를 넘어서 욕망에 대한 충족으로 나아갈 때 '훔침'의 영역으로 들어설 수 있다는 점을 고려해 보면 흥미로운 점을 발견할 것이다. 그러므로 아스테야의 수련은 몸과 마음과 영혼이 정말 필요로 하는 것에 초점을 맞추는 것을 수반한다.

명상 수련에서나 삶 전반에서나 과도하게 비판적이거나 자신과 다른 사람들을 비교하지 않도록 조심하라. 스스로 불충분하다고 느끼고, 육체적 능력, 아름다움, 젊음, 또는 영적인 성취 등에서 다른 사람들이 가진 것, 이룬 것을 '원함'으로써 당신은 자신으로부터 그러한 것들을 '훔친다.' 다시 말해, 자신이 가진 것, 이룬 것, 그리고 자신이 가질 수 있고 이룰 수 있는 것을 스스로 '도난당한다.'

훔치지 않음에 대해 자신에게 물어야 할 질문들

1. 사람들에게 어떤 지나친 요구를 하는가? 내가 그들의 시간을 낭비시키는가? 감정적으로 소모되고 있는가?
2. 집과 라이프스타일이 실제 나의 필요에 과도한 면은 없는가?
3. 너무 자기 비판적이어서 스스로 기쁨을 거부하는가?

지나친 관능성을 절제함

브라마차리야

브라마차리야는 자제력의 기술이다. 이것은 에너지를 낭비하고 내면의 평화를 발견하기 더욱 어렵게 만드는 모든 감각에 관한 지나친 탐닉을 멀리하는 것이다.

브라마차리야를 수련하면 당신과 파트너(들), 그(들) 양자 모두에 대한 건강한 존중심이 길러진다. 그 결과로 명상 수련에 쏟을 수 있는 더 많은 에너지와 집중력이 남아 있게 될 것이다.

브라마차리야에 대해 자신에게 물어야 할 질문들

1. 잠재적인 창의적 에너지를 지나친 도락에 낭비하고 있는가? 또는 도락에 대한 생각에 낭비하고 있는가?
2. 일을 극단적으로 하는 경향이 있는가? 더 절제하면 어떻게 삶 그리고 명상 수련이 향상될 수 있을까?
3. 이용할 수 있는 에너지를 어떻게 더 잘 집중시킬 수 있을까?

탐욕으로부터의 자유

아파리그라하

아파리그라하는 부를 얻고 축적하려는 욕망을 무력화하여 탐욕으로부터 자유로워지는 것을 말한다. 이것은 삶을 완벽하게 만들기 위해서 '특별한 것들'이 필요하다는 관념을 포기하는 것을 의미하기도 한다. 심지어 명상 수련을 할 때조차 당신은 어떤 새로운 화려한 기법을 통달할 수만 있다면 행복할 수 있을 거라는 생각을 너무도 쉽게 가질 수 있다. 이렇게 생각하고 있다면, 명상하고 있는 것처럼 보이지만 실제로는 명상하고 있지 않는 것이다. 탐욕과 욕망으로부터 자유롭게 될 때 명상 수련과 전반적인 삶 둘 모두에서 진정한 충만감, 성취감, 만족감, 평화로움을 경험할 것이다.

탐욕으로부터의 자유에 대해 자신에게 물어야 할 질문들

1. 아마도 결코 사용하지 않을 것들을 축적하고 있는가?
2. 사람들을 그들이 모아 온 것들로 판단하고 있는가?
3. 내가 소유한 것들로 다른 사람들에게 깊은 인상을 주려 하는가?

자신과 관계 맺기

다섯 가지 니야마 Niyama

니야마는 자기 자신과의 관계를 다루는 요가 원칙으로, 자신의 삶에 대한 책임을 지는 긍정적인 행동을 권장한다. 이 원칙들은 부정적인 습관과 중독을 없애는 방법을 제시하지만, 무엇을 하지 말라는 것보다는 긍정적인 태도를 기르는 데 더 중점을 둔다.

다음과 같은 다섯 가지 긍정적인 행위, 즉 니야마들에 주의를 기울여 보자. 명상 수련과 삶 전반 양자 모두가 향상될 것이다.

육체적 · 정신적 청정

샤우차

몸과 마음의 청정이 없다면, 당신은 내면의 평화가 자신을 피하는 경향이 있음을 알게 될 것이다. 다시 말해 참자아의 광휘가 어두워지는 것이다. 명상은 내면과 외면이 모든 수준에서 청정할 때 가장 효과적이다. 이는 육체를 청결하게 하고, 집과 업무 공간을 정돈된 상태로 유지하며, 건강한 음식을 먹고 깨끗한 물을 마시고, 또한 에고 없는 봉사(카르마 요가, 219~221페이지 참조)와 자기 학습(217페이지 참조)과 같은 수련들을 통해서 맑은 마음을 유지하는 것을 포함한다.

청정은 궁극적으로 삶에서 균형을 발견하는 일에 관한 것이다. 청결과 정돈은 삶의 모든 면에서 자존감을 높여 주고, 자신이 좋은 경험을 할 자격이 있다는 앎을 강화하며, 자기 인식과 평화로운 느낌을 향상시킬 것이다.

청정에 대해 자신에게 물어야 할 질문들

1. 음식과 오락에 대한 나의 선택이 최적의 육체적 청정을 유지하는 데 도움이 되는가?
2. 집과 업무 공간의 상태가 내 마음 상태에 대해 무엇을 말해 주는가?
3. 내 생각과 감정을 더 잘 개선해서 참자아가 더 분명하게 빛을 발하게 할 수 있을까?

만족
산토샤

만족은 모든 상황에서 모든 존재의 긍정적인 면에 초점을 맞추려 시도하는 낙관적인 정신적 상태다. 이는 '내가 그걸 할 수 있었는데.' 또는 '그걸 다르게 했어야 했는데.'라는 생각을 초월하는 능력으로, 영원한 현재인 '지금'에 평화롭게 있음을 의미한다. 이처럼 만족은 새로운 견해로 볼 수 있게 도울 수 있는 역동적이고 건설적인 태도다. 산토샤가 커지면 생각이 더 안정적이고 평화로워지고, 명상하는 동안 그리고 전반적인 삶 전반에서 더 나은 집중력을 가지게 될 것이다.

만족에 대해 자신에게 물어야 할 질문들

1. 삶 전반에서 지금 내가 있는 곳에 얼마나 만족하는가?
2. 내면의 불만족을 감추려고 얼마나 자주 미소 짓는가?
3. 명상이 현재 이 순간에 만족하고 평화로울 수 있는 나의 능력을 얼마나 향상시켜 주는가?

자발적 고행

타파스

타파스는 정신적인 힘과 결단력을 높이고, 스스로 어렵다고 생각하는 것을 해달라고 마음에 요청하는 것이다. 예를 들자면, 말하기를 좋아하는 경우, 강력한 타파스 수련은 매일 한 시간 동안 침묵을 유지하는 것일 수 있다. 또는 천성적으로 소심하다면 유용한 타파스 수련은 더 크게 말하는 것일 수 있다.

매주 어렵다고 생각하는 일을 하나 선택하고, 그것을 할 것이라고 결심하라. 구체적인 타파스 수행으로는 쾌활한 성격이 아닐 때 쾌활하게 있는 것에서부터 지난주에 했던 것보다 5분 더 길게 명상하는 것에 이르기까지 무엇이든 포함될 수 있다.

자발적 고행에 대해 자신에게 물어야 할 질문들

1. 이번 주에 어떤 두려움에 직면했는가?
2. 어떤 인식된 한계를 극복했는가?
3. 어떤 명확한 장애들을 직면했고 극복할 수 있었는가?

자기 학습

스와디야야

스와디야야, 즉 자기 학습은 단순히 지적인 정보를 모으는 일만 의미하지 않는다. 여기에는 지식이나 이론을 이해하고, 또한 필요한 모든 수련 또한 실제로 하는 것, 그리고 이들을 결합하는 일에 대한 것이다.

예를 들어 명상 수련법을 배우고 싶다고 해 보자. 명상에 대한 책을 읽을 수도 있지만, 수업에 참석하고 코스를 신청하거나 강연들에 귀 기울일 수도 있으며, 배웠던 이론을 실천하려 시도할 수도 있다.

스와디야야는 또한 자신의 마음에 대한 연구를 의미할 수도 있다. 자신이 부정적인 생각들에 '침묵의 목격자'가 되는 법을 배울 수 있다면, 때로는 그 생각들조차 유용할 수 있다. 왜냐하면 그것들은 더 긍정적인 방식으로 자신의 마음과 함께 하는 법에 대한 커다란 통찰을 줄 수 있기 때문이다. 명상 수련 일지를 작성하는 것 또한 마음이 작용하는 방식에 더 익숙해지고 이해를 높이는 데 도움이 된다.(227~229페이지 참조)

자기 학습에 대해 자신에게 물어야 할 질문들

1. 명상 수련에서 무엇을 배우고 싶은가?
2. 침묵의 목격자가 되어 자신의 생각을 지켜보면서 자신에 대해 무엇을 배웠는가?
3. 어떤 부정적인 감정들이 가장 빈번히 표면화되는 경향이 있는가? 어떻게 그 감정들을 긍정적인 방향으로 돌릴 수 있을까?

자기 항복

이슈와라-프라니다나

이슈와라-프라니다나는 에고와 자신이 스스로 부과한 한계들을 놓아 버리고서 명상 수련에 진심으로 전념하고 우주의 에너지와 연결되는 것을 포함한다. 오직 그때 삶에서 진정한 평화를 발견할 수 있기 때문이다.

에고를 포기한다는 것이 쉽게 좌지우지되는 사람이 되는 것을 의미하지는 않는다. 오히려 마음이 차분해지고 더 객관적인 관점을 갖게 되어서 어떤 상황의 진실을 더 잘 볼 수 있고, 건설적인 방식으로 그 상황을 더 잘 대처할 수 있게 된다는 것을 뜻한다.

자기 항복에 대해 자신에게 물어야 할 질문들

1. 어떻게 더 진심으로 나의 명상 수련에 전념하게 될 수 있을까?
2. 사람들이 나를 이용하게 하지 않고 어떻게 나의 에고를 포기할 수 있을까?
3. 어떻게 우주의 에너지와 더 잘 연결될 수 있을까?

에고 없는 봉사

카르마 요가 Karma Yoga

산스크리트에서 카르마는 문자 그대로 '행위'를 의미한다. 그러나 그것의 이차적 의미로는 물리적 행동 뒤에 있는 생각을 포함한다. 이 용어는 또한 행위의 결과와 계속 이어지는 영향을 나타내기도 한다. 행동의 결과는 실제로 별개의 것이 아니라 행동의 연속이다. 양자 모두 계속 진행 중인 일련의 연쇄적인 사건의 일부분이 될 수 있는 것이다.

많은 사람이 생각하는 것과는 반대로 카르마 개념은 숙명이나 운명 또는 운(좋든 나쁘든)과는 거의 관계가 없다. 대신, 그 개념은 자유 의지를 함축한다. 비록 과거의 사건들을 결코 바꿀 수는 없지만, 우리에게는 언제나 그 사건들의 여파에 어떻게 반응할지 선택할 자유가 있다. 삶의 방향을 바꾸고 싶다면 현재의 행위들과 습관들을 바꾸기 시작하는 것이 가장 좋다.

흔히 카르마 요가로 불리는 에고 없는 봉사의 기초는 자신이 행위자가 아니라는 내면의 태도를 유지하면서 활동하는 것이다. 몸과 마음은 친절하고 긍정적인 에너지가 흐를 수 있게 하는 도관일 뿐이다. 이러한 태도는 쉽게 이루어지지 않지만, 이 태도를 함양하면 명상 수련과 전반적인 삶 둘 모두를 크게 향상시킬 수 있다.

카르마 요가, 즉 에고 없는 행위를 통해서 명상과 일상생활에 새롭고 더 깊은 의미를 부여할 수 있다. 서서히 질투, 화, 우월감을 포함한 자신이 가진 부정적인 태도가 완화될 것이다. 부정적인 생각들도 겸손, 공감, 연민의 생각들로 바뀌어 갈 것이다.

카르마 요가는 동기들을 정화하고, 내면의 평화를 방해하는 이기적인 의도를 제거하는 것을 목표로 한다. 해야 할 올바른 일이라고 생각하기 때문에 행위하고, 결과나 보상에 대한 기대 없이 행위한다. 아마도 진정한 에고 없는 봉사를 한다는 것이 매우 어렵다는 사실을 알게 될 것이다. 우리의 내면에는 그저 감사받고 싶어 하거나 적어도 인정받고 싶어 하는 마음의 하찮은 목소리가 흔히 있다. 그러나 동기들이 더 정화되어 갈수록, 이 소음은 차츰 잦아들 것이다.

그렇지만 끊임없이 주는 것은 불가능하다는 점에 주목하라. 운동과 건강한 식습관 그리고 명상으로 된 규칙적인 루틴을 통해서 자신을 보살피는 것 또한 중요하다. 에고 없는 봉사를 하려면, 자신을 너무 소진시켜 더 이상 베풀 수 없게 되지 않도록 유의해야 한다. 이를 위해 몸과 마음을 강하게 유지하는 것이 필수적이다.

에고 없는 봉사에 대한 제안들

- 깊은 아량을 계발하려 시도하라. 누가 누구에게 빚지고 있는지에 대해 끊임없이 정신적으로 메모하지 말라.

- 다른 사람을 개선하기 위해서 자신의 에너지를 어떻게 가장 잘 활용할 수 있는지 생각하라. 당신의 봉사는 호스피스 환자들과 함께 명상하거나 지역 푸드뱅크에 일하거나, 또는 어려운 시간을 보내고 있는 직장 동료나 친구처럼 단지 커피를 필요로 하는 누군가를 위해 커피 한 잔을 사는 형태를 취할 수도 있다.

- 하루 종일 마주치는 모든 사람을 의식적으로 존중하려 노력하라.

- 적어도 매일 한 번의 '무작위적인 친절 행위'를 하라. 혹시 가능하다면 자신의 생일에 더 많이 하라. 당신이 얻을 수 있는 게 무엇인지, 또는 결과적으로 누가 이득을 볼 것인지에 대해 생각하지 말고서 이러한 행위들을 하라.

- 시간과 자원을 아낌없이 써라. 귀와 손을 빌려 주라. 선물이나 칭찬을 하라. 할 수 있는 모든 방법으로 좋은 목적들을 지원하라.

- 누군가 당신을 도와줄 때, 다른 사람들에게 유사한 도움을 줌으로써 '선행 나누기'를 하라.

- 자선을 베풀 때 더 이상 필요 없는 물건들을 줘 버리기보다는 시간과 노력을 아낌없이 주라. 자선 가게에 오래된 옷들을 기부하는 것 자체에는 아무런 문제가 없지만, 이는 마음을 여는 데 도움도 되지 않고, 자애의 태도를 심어 주지도 못한다.

Śaucha
APARIGRAHĀ
SATYA
ISHWARA-PRANIDHANA
Santosha
Asteya
BRAHMACHARYA
TAPAS
Swādhyāya
Ahimsā

Chapter 8

자신을 다독이며 꾸준히 수련하는 법

"기쁨은 내면에 있다. 명상하라."

— 스와미 묵타난다(Swami Muktananda)

"생각을 심어라, 그러면 행위를 수확한다.
행위를 심어라, 그러면 습관을 수확한다.
습관을 심어라, 그러면 인격을 수확한다.
인격을 심어라, 그러면 운명을 수확한다."

—랄프 왈도 에머슨(Ralph Waldo Emerson)

자신을 격려하여 명상하기

앞서 이 책 전반에 걸쳐 규칙적인 명상 습관을 발달시키는 데 도움이 되는 제안들을 해 왔다. 그 제안들이 또한 이미 명상 수련을 하고 있지만 진전하는 데 있어 육체적·정신적 장애 요인들과 맞닥뜨린 자신을 발견한 여러분에게 유용하기를 바란다.

몇 년간 수련 지도를 해 오면서 많은 사람이 규칙적인 수련을 시작하거나 지속하거나 하는 문제와 여전히 싸운다는 것을 알고 있다. 일반적으로 언급되는 문제들은 '시간이 없다.' '자기 수련이 부족하다.' '삶에 방해 요인들이 너무 많다.'는 것 등이다.

이 장의 목표는 스스로 자신을 격려해서 수련을 시작하거나 지속할 수 있게 하는 추가적인 방법들을 제안하는 것이다. 구체적으로 수련 의도 설정하기, 확언 사용하기, 수련 일지 작성하기, 내면 반응 기록하기, 감각을 거두어들이기, 다른 사람들과 함께 수련하기, 감사와 자애의 마음 품기와 같은 방법들을 알아볼 것이다.

수련 의도 설정하기

상칼파 *Sankalpa*

많은 요가 전통에서 상칼파로 알려진 '의도 설정'은 삶에서 긍정적인 변화를 받아들이는 힘을 키워 준다. 이것은 명상뿐만 아니라 일상생활에서 어떤 자질을 키우고 발전시킬지, 또 어떻게 살아갈지 스스로 결정하는 것을 의미한다.

수련 의도는 언제쯤, 얼마나 오랫동안 명상하고 앉아 있을 것인지 정확히 약속하는 짧고 긍정적인 문장으로 이루어져야 한다. 또한 다른 수련 또는 함양하고 싶은 삶의 자질에 대한 언급을 포함할 수도 있다.

의도 설정은 더 넓은 삶의 목표에 맞춰 조정되어야 한다. 아마도 일반적으로 더 고요하게 느끼고, 덜 민감하여 매일 일어나는 화를 덜 경험하고, 더 많이 수련하고 싶어 할 것이다.

'낮에 명상을 할 거야.' 혹은 '수련 시간을 지킬 거야.'와 같이 막연한 다짐을 하거나 '깨달음을 찾고 싶어.'와 같이 모호한 목표는 피하라. 의도는 구체적이고 달성 가능해야 한다. 예를 들어 "이번 주에 매일 아침 7시부터 앉아서 10분 동안 호흡 수련을 한 다음, 20분 동안 명상을 할 거야. A(함양하고 싶은 자질)와 B(하기로 계획한 그 밖의 어떤 일)에 초점을 맞출 거야."라고 하는 것이 좋다.

다음으로, 그게 무엇이든 당신이 하고 싶은 것을 실제로 하는 자신을 심상화하라. 의식적이고 마음챙김적인 이 접근법은 목표한 의도를 충족시키기 위해 필요한 모든 것을 자신이 이미 가지고 있다는 사실을 깨닫게 도와줄 것이다.

확언 사용하기

수련 의도를 강화하기 위해 확언을 사용할 수도 있다. 확언이란 부정적인 생각의 패턴들을 긍정적인 것들로 바꾸기 위해 자신에게 의식적으로 반복하는 긍정적인 문장들이다. 이는 마음속으로 조용히 되뇌거나 또는 크게 소리 내어 말할 수 있다.

이 방법은 당신의 성격과 삶의 경험이 생각에 의해 형성된다는 원리에 기초해서 작동한다. 예를 들어 자신이 약하다고 생각한다면, 삶의 도전들을 처리하는 데 자신이 부족하다고 여길 가능성이 높아질 것이다. 또한 세상을 기쁨으로 가득 찬 곳으로 본다면 삶은 기쁨으로 가득해질 것이다. 생각은 반복에 의해 힘을 얻기 때문이다.

확언은 언제나 긍정적으로 표현되어야 한다. 그러므로 작성하는 모든 확언에서 반드시 '하지 마.' '할 수 없어.' '안 돼.'와 같은 단어들은 빼야 한다. 또한 '~할 수도 있다.' '~해야 한다.' '~일지도 모른다.' '~일 것이다.' '아마/어쩌면' '~하려고 노력한다.' '~을 바란다.'와 같은 의심이나 조건부의 요소가 포함된 모든 단어도 피하라. 그리고 '그러나'라는 단어에 가까이 가지 마라.

확언은 1인칭 단수를 사용해서 현재 시제로 표현되는 것이 가장 좋다. 마치 의도가 지금 일어나고 있는 것처럼 말이다. 예를 들면, 간단한 확언으로는 "나는 매일 명상한다." 또는 "나는 깊게 호흡하고 그렇게 호흡하는 것을 사랑한다."가 있다. 이와 같은 긍정적인 문장을 하루 중 중요한 순간에 반복해서 되새기는 것은 명상 수련을 지속하고 진전시키는 데 실제적인 도움이 될 것이다.

계속 동기를 부여해 주고 자신을 격려해 주는 최상의 조언들

- 매주 수련 의도를 설정해서 목표를 구체적이고 믿을 수 있으며 달성할 수 있게 만들어라.
- 하고자 의도하는 것이 무엇이든 간에 실제로 하고 있는 자신을 심상화하라.
- 의도한 수련을 포함한 주간 스케줄을 작성하라.
- 자신의 목표와 일치하는 확언들을 작성하고 그것들을 하루 종일 반복하라.
- 수련 일지를 계속 작성해서 자신의 의도들을 달성하는 과정을 추적하라.

수련 일지 작성하기

동기를 부여하고 자신을 격려하기 위한 가장 강력한 도구들 중 하나는 '수련 일지'를 작성하는 것이다. 매일 이 일지를 작성하는 데에는 단지 몇 분이 걸릴 뿐이지만, 이러한 행위는 결심을 계속 실행하게 한다.

수련 일지는 일반적인 일기나 내면의 반응을 기록하는 것과는 매우 다르다. 수련 일지는 당신이 기록하고 싶은 다양한 요소에 초점을 맞춘 객관적인 리뷰다. 매일 명상 쿠션 위에서뿐만 아니라 그 쿠션을 벗어난 영역에서 행한 명상 수련을 돌아보고 기록해 보라. 이때 질이 아니라 양에 초점을 맞추어야 한다. 스스로 설정한 질문들은 목표와 수련 의도가 무엇인지에 따라 언제든지 달라질 수 있다.

다음은 수련 일지를 쓰는 방법들이다. 하지만 그저 예시일 뿐이며, 어떠한 규칙이나 법칙이 있는 것은 아니다. 계속 일지를 작성하는 데 도움이 되는 몇 가지 지침으로 여기자.

- 날짜를 기록하는 데서 시작하라. 매주 진행 중인 상황을 쉽게 파악할 수 있다.

- 한 주 동안의 '수련 의도(상칼파)'를 공식화하고, 그것을 수련 일지 페이지의 맨 위에 써라.(224~225페이지의 참조)

- 그런 다음, 가장 초점을 맞추고 발전시키고 싶은 것들과 연관된 질문들의 목록을 스스로 작성하라. 정해진 개수는 없다. 원하는 만큼 많게도, 적게도 목록을 작성할 수 있다. 새로워진 수련 의도를 기록하기 위해 매주 새로운 질문 세트를 작성하는 것이 가장 효과적이다.

- 매일 각 질문에 대한 답을 해야 하는 칸이 있다는 점에 주목하라. 되도록 잠자리에 들기 전에, 매일 이 칸들을 채우는 일은 중요하다. 며칠 건너뛴다면, 아마도 자

신이 했던 일을 명확하게 기억하는 데 어려움을 겪을 것이고, 진행 상황을 파악하지 못할 수 있다.

- 한 주 동안 수련할 때 추가적인 질문들을 덧붙일 수도 있다.

- 한 주를 보낸 후, 답을 평가하는 시간을 가진다. 어떻게 수련했고 그 주 동안 수련 의도를 충족시켰다고 느꼈는지 그렇지 않은지 알아 보라. '그렇다'라면 훌륭하다! '그렇지 않다'라면 잠시 시간을 가지면서 왜 그렇게 생각하는지 분석하라. 그런 다음, 이 통찰을 바탕으로 앞으로의 수련 의도 및 연관된 질문들을 선택하라.

수련 일지 예시

주간 수련 의도: "나는 매일 (오전/오후) ○○시에 ○○분 동안 앉아서 명상할 것이다. 그리고 나는 또한 ________ 할 것이다." (의도하는 다른 마음챙김 행위들을 추가하라.)

	월	화	수	목	금	토	일
1. 명상하기 위해 얼마나 오래 앉아 있었나?							
2. 몇 시에 명상을 하기 시작했는가?							
3. 몇 시에 명상을 마쳤는가?							
4. 명상의 일반적인 질은 어떠했는가?(1~10)							
5. 프라나야마에 얼마나 시간을 썼는가?							
6. 요가/육체적 운동을 하는 데 얼마나 시간을 사용했나?							
7. 커피/차를 몇 잔이나 마셨나?							
8. 자발적 침묵을 하는 데 얼마나 시간을 썼는가?							
9. 내면 반응 기록하기를 하는 데 얼마나 시간을 썼는가?							
10. 학습하는 데 얼마나 시간을 보냈는가?							
11. 오늘 드러난 좌절감이나 화의 감정을 몇 차례 알아차렸는가?							
12.							

내면 반응 기록하기

내면 반응 기록(Mindful Journaling)은 명상 수련의 진전에 큰 도움이 되는 마음챙김 연습 중 하나다. 이것은 보통의 일기나 저녁에 하루의 경험을 기록하는 것과는 상당히 다르다.(그저 사건들이 펼쳐지는 대로 기록하는 것은 삶의 내부에 변화를 불러일으키지 못한다.) 또한 앞에서 살펴본 명상 수련 일지를 작성하는 것과도 아주 다르다.(227~229페이지 참조)

내면 반응 기록하기는 내면의 삶을 발달시키는 데 강력한 열쇠가 될 수 있다. 내면 반응을 기록하기 위해서는 당신이 자신에게 제기한 질문들에 대한 개인적 답을 매일 기록하면 된다.

생각을 글로 적는 것은 명상 중에 가끔씩 마음속에 떠오르는 생각들을 처리하고 명확히 하는 데 도움이 될 수 있다. 내면 반응을 기록하다 보면 경험과 감정들을 잘 해석할 수 있게 된다. 또한 행위들의 우선순위를 정하고 자신을 더 잘 이해하며 긍정적인 변화를 이루는 데 도움이 될 수 있다.

기운 빠지는 생각 놓아주기

내면 반응 기록을 계속하다 보면 당신이 빠져드는 부정적인 생각의 패턴들을 발견하고 이겨 낼 수도 있다. 예를 들어 '난 이걸 잘 못해.' 또는 '나는 희망이 없어.'와 같은 생각에 빠지게 되면, 부정적인 생각에 갇혀 스스로를 낙담시킬 수 있다. 이러한 생각이 자신의 명상하고 내적인 평화를 찾는 능력을 방해할 수 있다. 좋지 못한 자아상에 기초한 이와 같은 생각들은 많은 사람이 심지어 알지 못한 채 자신을 향해 겨누는 폭력의 한 형태다.

자신을 가혹하게 판단하는 대신, 여러 해에 걸쳐서 발달시켜 온 부정적인 자아상을 발견하라. 그 자아상에 매달림으로써 자신에게 해를 끼치는 방식을 글로 쓰면서 알아차리기 시작하라. 그러면 이것을 바꿀 수 있는 조치를 점차 취할 수 있게 된다.

내면 반응 기록하는 법

내면 반응 기록을 계속하기 위해 글쓰기를 즐기거나 '글 잘 쓰는 사람'이 될 필요는 없다. 논리적 구조를 갖춘 완전한 문장을 쓸 필요도 없다. 맞춤법이나 문법은 중요하지 않다. 글의 스타일도 마찬가지다. 당신이 쓴 글은 자신 외에는 아무도 읽지 않을 것이다.

내면 반응 기록을 위한 질문

- 자신의 실패에 대해 얼마나 자애로운가?
- 비윤리적으로 행동하고 있다고 인식되는 사람들과 만났을 때도 마음의 균형을 유지할 수 있는가?
- 명상 수련을 확립하려는 시도에 실패한 것 같을 때 어떻게 반응하는가?
- 나의 강점들은 무엇이고, 그 강점들을 발달시키는 데 있어서 어떻게 스스로 막고 있는가?
- 어떤 자기 회의(자기 불신)가 내 삶을 통제하도록 허용하는가?
- 알맞은 경계들을 설정하지 않아서 다른 사람들이 내게 아픔을 주는 것을 용납하는가?
- 성공하는 것을 어떤 식으로 두려워하는가?
- 다른 사람들의 인정을 끊임없이 추구하고 있는가?
- 결코 내가 하고 싶은 만큼 일을 잘하지는 못하는 것 같은 완벽주의자 성향이 있는가?

자신의 인생 이야기를 쓰는 게 아니라 내면에서 펼쳐지는 과정을 관찰하는 것에 주안점을 두라. 자신의 존재를 구체적으로 표현하는 독특한 경험과 감정, 그리고 그 관계를 적으면 된다.

내면 반응 기록이 어떤 것이어야 한다는 자신의 생각에 휩쓸리지 마라. 망칠까 봐 두려워하지 말고, 평범하고 단순한 노트를 사용하라. '이게 여기 적어 둘 만한 것인가?'라고 생각할 수도 있는 아름다운 노트를 사용하는 것보다 작업을 더 잘할 수 있다. 매일 적어도 10분 동안 앉아서 글을 쓰려 노력하라.

- 날짜, 시간, 초점을 맞추고 싶은 주제들을 써라.

- 시작할 때의 감정들을 기록하라. 그러면 그것들과 세션의 마지막에 느끼는 감정들을 비교할 수 있다.

- 그런 다음, 골랐던 주제들과 연관된 질문들을 자신에게 물어보고, 어떤 정신적 대답이 떠오르는지 보라. 결론에 도달하지 못하더라도 상관없다. 나중에 언제든지 다시 돌아와 재평가할 수 있다.

- 감정이든 생각이든 이미지든 그 외 어떤 것이든 간에 편집하지 말고 마음속에 떠오르는 것은 무엇이든지 써 두라.

- 도움이 된다고 여긴다면 내면 반응 기록에 떠오른 그 생각을 사용해서 수련 일지에 대한 질문들을 구상하라. 예를 들면, 피곤하다고 느껴지면 잠자리에 드는 시간이나 얼마나 많은 시간을 잤는지에 대한 질문을 추가하라.

감각을 거두어들이기

프라티야하라 Pratyāhāra

감각은 우리가 세계를 인식하는 매개체다. 하지만 이러한 감각 정보들은 우리의 주의를 바깥으로 끌어당기는 경향이 있어서 명상을 더 어렵게 만들기도 한다. 프라티야하라(감각 거두어들임)라는 요가 수련은 감각을 제어하는 데 도움이 된다. 이 수련은 명상하려 노력할 때 경험하는 많은 방해 요인을 제거함으로써 당신을 지켜 줄 것이다.

인도의 성자 파탄잘리(Patanjali)가 여덟 개의 가지로 정리한 요가 시스템 중에서 프라티야하라는 다섯째 가지로 묘사된다. 하지만 종종 '요가의 잊혀진 가지'로 불리기도 한다.

파탄잘리의 접근법에서 프라티야하라는 모든 감각적 자극으로부터 주의를 떨어뜨리는 연습이다. 그것은 자신이 가진 개인적 감각 차단 탱크로 들어가는 듯 외부의 감각들로부터 들어오는 정보의 입력을 가능한 한 많이 제거하는 것을 목표로 한다.

부분적인 프라티야하라의 한 예로, 좋은 책을 읽고 있어서 누군가 당신을 부르는 소리를 듣지 못할 때를 들 수 있다. 청각에는 아무 이상이 없지만, 정신적 에너지가 전부 시각으로 보내지고 있는 상태다.

프라티야하라를 둘러싼 일반적인 오해는 그것이 마음챙김과 동일시되는 것이다. 사실상 그 두 가지는 매우 다른 접근법이다. 프라티야하라는 정신적 단식의 한 유형으로, 이때 마음은 감각 인상들이라는 평상시의 음식을 먹지 않는다. 모든 감각적 자극을 피하는 것이 가장 좋다. 이렇게 하기 위해 마음은 감각들이 인상들을 포착하기 위해 밖으로 이동하는 것을 막는다. 반대로 마음챙김은 현재의 순간에 일어나고 있는 경험에 의도적으로 주의를 데려가기 위해 감각들을 사용한다. 이렇게 하기 위해 마음은 몸의 특정한 지점이나 아주 가까이에 있는 주변 환경에 주의를 고정한다. 바깥을 향하는 수련이라고도 할 수 있다.

명상 세션을 시작할 때, 정신적 에너지가 '유출되는 것'을 막는 것이 유용할 수 있다. 이는 집중력을 높이는 데 도움이 되기 때문이다. 적절한 비유는 다음과 같을 수 있다. '양동이를 물로 채우고 싶다면, 우선 반드시 양동이에 물이 샐 만한 구멍이 없는지 확인하라.'

외부의 자극으로부터 감각들을 효과적으로 거두어들이기 위해서 만트라와 같이 정신적으로 초점을 맞출 내적인 대상을 마음에 두고 집중하는 것이 가장 좋다.

일단 정신 에너지가 새어 나가는 것을 막고, 그 다음 단계에서 초점을 맞추는 것이다. 요기들은 이것을 다라나(Dharana, 집중)라고 부르고, 이것은 디야나(Dhyana, 명상)로 이어진다. 이 상태들을 경험하고 내면의 고요로 가는 길에서 자신의 진전을 더 잘 알아차리게 된다면, 더 고무되고 탄력을 받아서 계속하게 될 것이다.

다른 사람들과 함께 수련하기

다른 사람들과 함께 명상을 수련하는 일은, 특히 초보자인 경우라면, 동기를 부여하고 명상을 꾸준히 지속하는 데 도움이 될 수 있다. 이에 대한 많은 접근 방법이 있으니, 자신의 필요와 성격에 가장 적합한 것을 찾아보고 시도해 볼 수 있다.

명상 공동체 찾기

상가 *Sangha*

집에서 조용한 공간과 시간을 찾기 어렵다면 그룹 명상에 참여하는 것을 고려할 수 있다. 특정 시간에 특정 장소에 있겠다는 계획을 세우면 더 지속적으로 수련할 기운을 북돋울 수 있다.

그룹 명상은 산스크리트로 상가로 알려진, 수련에서 당신을 지지해 줄 공동체를 발견하는 방법일 수도 있다. 상가는 정해진 장소에서 규칙적으로 만나는 그룹이거나 온라인 모임이거나 또는 단지 명상 친구의 형태일 수 있다. 공동체의 에너지가 수련을 이어 가는 데 필요한 영감을 준다는 사실을 알게 될 것이다.

명상 피정 가기

내면의 평화로 향하고자 하는데도 일상생활이 당신의 수련과 진전을 막는다고 느낄 수 있다. 그럴 때는 일상생활에서 일시적으로 물러나 자신에게 약간의 시간을 줌으로써 자신의 영혼에 자양분을 공급하면 도움이 된다.

명상 피정은 자신에게 시간을 주는 아주 좋은 방법이다. 명상, 사색, 또는 기도에 전념할 시간과 공간 둘 모두를 얻을 수 있을 뿐만 아니라, 숙련된 명상 지도자들로부터 안내를 받을 수 있기 때문이다. 피정을 가면 일상생활의 소음과 방해 요인으로부터 벗어나 약간의 고독과 침묵을 즐길 수 있을 것이다.

당신이 고무되고 재활성화되는 느낌을 받을 수 있는 많은 피정이 있다. 내면의 힘을 받을 수 있는 장소들을 몇 군데 찾아서 접촉해 보자. 재충전하고 휴식하는 데 도움이 될 것이다.

선생님 찾기

자신의 약점을 객관적으로 관찰하기는 어렵다. 가장 노력을 들여야 할 필요가 있는 것이 약점이다. 선생님은 당신의 강점과 약점 모두를 비추어 주는 거울이 되어 주고, 그것들을 다루는 작업을 안내해 줄 수 있다.

"수련자가 준비되면 스승이 나타날 것이다."라는 유명한 격언이 있다. 구체적인 안내가 필요하다고 느끼고 그 안내에 마음이 열리는 때가 왔을 때, 명상과 순수한 의도를 통해서 스승을 찾게 된다는 말이다. 설령 개인적인 멘토를 찾고 있지 않더라도, 선생님들의 강연들에 참석하는 것이 도움이 된다고 생각할 수 있다. 또한 그들의 저서를 읽는 것으로 누구의 음성이, 어느 기법들이 자신에게 반향을 불러일으키는지 알 수도 있다.

감사와 자애의 마음 품기

감사 수련은 마음을 빠르게 명상하는 태도로 몰입시키는 역동적이고 효과적인 방법일 뿐 아니라, 깊고 오래 지속되는 영향을 줄 수 있다. 일상의 루틴에 감사 표현하기를 포함할 것을 권한다. 이는 삶의 모든 것에 대해 감사히 여기는 것을 포함할 수 있다. 예를 들어, 건강함, 사랑스러운 가족, 만족스러운 직업, 재미있는 인간관계 등 나열하자면 끝이 없다.

심지어 당신이 겪었던 가장 고통스러운 경험을 포함해 수련과 인격 발전에 도움이 되었던 모든 교훈과 상황에 대해 인정하고 감사하라. 이렇게 한다면 충족되지 못한 욕망에 초점을 맞추는 대신, 기쁨과 풍요의 느낌으로 당신의 명상 세션이 가득 채워지게 될 것이다. 또한 많은 사람이 매일 밤 세 가지 긍정적인 일을 기록하는 감사 일기를 계속 쓰는 것을 좋아한다.

자신과 다른 사람들 모두를 향한 '자애', 즉 행운을 모든 존재와 나누고자 하는 소망은 메타(Metta)로도 알려져 있다. 메타의 태도를 취하면 명상의 질은 물론, 삶의 질도 향상된다. 삶에서 더 긍정적이고 동기 부여 되며 고무된다고 느끼게 될 것이다.

다른 사람들에게 이롭게 되기를 바라는 선택을 의식적으로 한다면 많은 운동선수가 경기를 잘했을 때 느끼는 황홀경(High)과 유사한 만족감을 느낄 수 있다. 그러한 선택은 몸에서 엔도르핀을 분비시키기 때문에 뇌의 쾌락-보상 중추를 활성화시킨다. 그것은 또한 이기심, 좌절, 화, 두려움의 감정에 대한 해독제 역할을 할 수 있다. 부정적인 감정과 이기적 태도를 놓아 버리면, 명상 수련이 더 깊어질 수 있는 자유를 얻게 될 것이다.

자애 명상

메타 수련은 언제나 자신에 대한 애정 어린 수용과 친절을 계발하는 것으로 시작한다. 일단 이 태도를 견고하게 확립하면 그때 다른 사람들에 대한 자애를 체계적으로 계발할 준비가 된 것이다. 다음의 명상을 일정 기간 이상 수련하는 것이 가장 좋다.

1. 선택한 명상 자세로 조용히 앉아서 눈을 감는다. 의식을 가슴 중앙으로 가져와라. 거기서 피지 않은 장미 꽃봉오리의 모습을 심상화하라.
2. 그 꽃봉오리가 천천히 피기 시작할 때, 그것과 함께 가슴이 열리는 느낌을 골똘히 지켜보라. 심장 센터에서부터 방사되어 나오는 치유의 온기가 어떻게 몸의 모든 부위에 전반적인 충족감의 느낌을 만들어 내는지 주목하라.
3. 마음속으로 '내가 행복하기를. 내가 건강하기를. 내가 편안하게, 질병 없이 살기를.'이라고 반복하라. 첫 며칠 동안 또는 심지어 몇 주 동안 이 정도의 심상화만 수련하라. 준비가 되었다고 느껴지면 다음 단계로 넘어가라.
4. 사랑하는 사람의 얼굴을 그려 보라. 가까운 친구나 가족 구성원일 수도 있다. 그들의 존재를 느낀 다음, 동일한 내면적인 자애의 구절들을 그들에게 그들의 이름을 사용해서 보내라. 다시 말해서, '○○○가 행복하기를. ○○○가 건강하기를. ○○○가 편안하게, 질병 없이 살기를.'라고 반복하라.
5. 이렇게 하는 데 자신이 있다고 느끼면, 다음 단계로 넘어갈 수 있다. 그다지 잘 알지 못하는 누군가를, 어쩌면 이웃이나 직장 동료일지도 모를 누군가를, 마음으로 데려와서 동일한 자애의 구절들을 그들에게 보내라. '○○○가 행복하기를. ○○○가 건강하기를. ○○○가 편안하게, 질병 없이 살기를.'라고 반복하라.
6. 마지막으로 이 수련의 가장 어려운 부분인데, 어떤 식으로든 당신에게 상처를 입혔다고 여기는 사람 또는 싫어하는 누군가에 대해 생각하라. 다시 한번 정신

적으로 '○○○가 행복하기를. ○○○가 건강하기를. ○○○가 편안하게, 질병 없이 살기를.'이라고 반복하면서 그 사람에게 연민을 전하는 당신의 가슴을 느껴라.

만트라를 외우며 명상을 마치고 싶어 할 수도 있다. "로카하 사마스타 수키노 바반투(Lokah Samasta Sukhino Bhavantu)"를 반복하면 된다. 이 만트라의 뜻은 '모든 곳에 있는 모든 존재가 행복하고 자유롭기를'이다. 발음에 대해 너무 많이 걱정하지 마라. 여기서 중요한 것은 마음속에 있는 자애를 일깨우고자 하는 의도다.

일반적으로 묻는 질문들

Q. 명상에서 진전이 있는지 어떻게 알 수 있나요?

A. 명상이 진전되고 있음을 알 수 있는 가장 좋은 방법은 삶 전반에서 더 행복하고, 스트레스를 덜 받는다고 느끼는지 여부입니다. 내면의 고요와 더 잘 조화할 수 있고, 더 평화롭게 느낄 수 있는 자신을 앞으로 서서히 발견하기를 바랍니다.

Q. 앉아서 명상할 때 마음이 더 동요하는 것 같습니다. 어떻게 해야 할까요?

A. 이것은 지나가는 단계입니다. 마음이 정화되기 시작하고 있고, 당신이 붙잡고 있을지도 모를 깊게 자리 잡은 모든 부정성이 해소되고 있습니다. 동요한다 해도 그것에 대해 걱정하지 않으려 노력하세요. 동요와 하나가 되지 말고, 자신의 생각과 감정에 대한 조용한 목격자가 되려 하세요.

그리고 가장 중요한 것은 수련을 멈추지 않는 것입니다. 처음 정화를 하기 시작하면 상황이 종종 더 나빠지게 되는 것처럼 보일 수 있다는 점을 기억하세요. 그러나 곧 규칙적인 수련의 이점들을 보기 시작할 것입니다.

Q. 명상이 저를 너무 이완시키거나 너무 멍하게 만들어서 직장에서 성공하지 못하게 되면 어떡하죠?

A. 명상은 자신의 마음에 초점을 맞춥니다. 이는 명상이 실제로 당신을 더 효율적으로 일할 수 있게 만들어 주고, 직장에서 성공할 가능성을 더 높여 준다는 것을 의미합니다.

Q. 명상하는 동안 경험하는 마음의 평화로운 상태를 일상생활에서 유지하기가 어렵습니다.

A. 이것은 수련의 단계에 관한 문제에 불과합니다. 그러니 규칙적으로 전념해서 수련하세요. 당신은 특정한 평화로운 지점에 집중하기 위해 마음을 재훈련하고 있습니다. 그리고 계속해서 그렇게 할 때, 명상하는 동안 경험할 수 있는 고요감과 평화감이 서서히 퍼져 나가서 삶의 나머지 부분을 망라할 것이라는 사실을 곧 알게 될 것입니다.

Q. 식사 후에 얼마나 기다렸다가 명상을 해야 할까요?

A. 식사 후에 바로 명상하기는 어려울 것입니다. 왜냐하면 에너지의 대부분이 소화로 향하게 될 것이기 때문입니다. 식사 후에 적어도 두 시간 정도 기다렸다가 앉아서 명상하는 것이 좋습니다.
명상하기에 가장 좋은 때는 아마도 아침에 첫 번째 일을 할 때처럼 그렇게 위장이 완전히 비었을 때입니다. 저녁에 명상하기를 선호한다면, 일몰 전에 저녁 식사를 한 다음, 2~3시간 이후에 앉아서 명상하는 것이 가장 좋습니다.

Q. 앉아서 명상하려 할 때 다리에 근육 경련이 자주 일어납니다. 이 문제를 완화할 수 있는 방법이 있나요?

A. 그러한 증상 완화를 돕기 위해 포함된 이 책의 다양한 동작들을 하는 것뿐만 아니라 자신의 식습관을 살펴보면 좋습니다. 몸의 전해질 균형이 맞지 않는 것일 수 있으니, 필수 미네랄, 특히 칼슘, 마그네슘, 포타슘 간의 균형을 유지하는 것이 중요합니다. 따라서 바나나, 고구마, 파파야, 시금치, 견과류, 요거트, 코코넛 워터와 같은 음식과 음료를 섭취하는 양을 늘리려 노력하세요. 그리고 차이가 있

는지 확인해 보세요. 또한 미네랄 보충제를 복용해 보고 싶을 수도 있습니다.

제 경험상, 다리에 경련이 일어나는 경향이 있는 경우, 꿀에 녹인 사과식초를 매일 한 티스푼씩을 마시면 그 문제를 완화하는 데 도움이 될 수 있습니다.

때로 엄격한 채식주의자들은 비타민 B_{12}의 결핍으로 인한 근육 경련으로 고통을 겪을 수도 있기 때문에, 다양한 보충제를 살펴보기를 권합니다.

마지막으로, 앉아 있는 동안 근육 경련이 일어난다면, 그저 고요히 앉아 있으면서 다리를 쭉 뻗고 근육이 풀릴 때까지 부드럽게 경련 부위를 문지르고, 그다음, 다시 명상으로 돌아가십시오.

가장 중요한 점

미루지 말고 명상 수련을 시작하라. 오늘 시작하고, 규칙적으로 수련하라.

여러분께 감사드립니다.
제 지식을 나눌 기회를 주셔서
다시 한번 여러분께 고마움을 전합니다.
여러분이 따르거나 수련하기로 선택한 전통이나
명상의 길이 무엇이든 간에,
삶에서 커다란 기쁨을 발견하길 기원합니다.

— 옴 샨티 샨티 샨티(평화, 평화, 평화)

참고 도서

저자 스와미 사라다난다의 웹사이트와 인스타그램

웹사이트: yogamentor.yoga / 인스타그램: @yoga_mentor

책

- B. K. S 아헹가 지음, 현천 옮김, 『요가 디피카』 선요가, 2014
- Bell, Charlotte, *Yoga for Meditators*, Rodmell Press, 2012
- de Vries, Jan, *Neck and Back Problems*, Mainstream Publishing, 2004
- Johnson, Will, *The Posture of Yoga*, Shambala Publications, 1995
- McGonigal, Kelly, *Yoga for Pain Relief*, New Harbinger Publications, 2009
- Stern, Eddie, *One Simple Thing*, North Point Press, 2019

저자의 다른 책

- 김재민 옮김, 『차크라의 힘』 판미동, 2016
- 김재민 옮김, 『호흡의 힘』 판미동, 2010
- 장슬기 옮김, 『치유를 위한 손가락 요가』 프로제, 2019
- *The Essential Guide to Chakras*, Watkins Publishing, 2011
- *The Cleansing Power of Yoga*, Watkins Publishing, 2018

감사의 말

이 책을 집필할 수 있도록 영감을 준, '명상 교습(Teach Meditation)'수업에 참여했던 모든 수련생에게 감사의 인사를 전합니다. 이 책의 많은 내용은 요가 지도자를 위한 3개월 상급 트레이닝 매뉴얼에서 가져왔습니다.

옮긴이 후기

"마음을 통제한다는 것이 얼마나 어려운지! 이런 마음은 적절하게도 발광하는 원숭이에 비유되어 왔다. 다른 모든 원숭이와 마찬가지로 본성상 가만히 있지 못하는 원숭이 한 마리가 있었다. 어떤 사람이 그 원숭이에게 술을 자유롭게 마시게 했고, 그 결과 그 녀석은 훨씬 더 가만히 있지 못하게 되었다. 그때 전갈이 그 원숭이를 쏘았다. 사람이 전갈에 쏘이면 하루 종일 팔짝팔짝 뛰면서 돌아다닌다. 그와 마찬가지로 가여운 그 녀석은 자신의 상태가 전보다 더 나빠진 것을 알게 되었다. 고통을 끝내기 위해서 한 악마가 그 녀석 속으로 들어갔다. 통제할 수 없이 가만히 있지 못하는 그 원숭이를 어떤 말로 묘사할 수 있을까? 인간의 마음은 그 원숭이처럼, 본성상 쉴 새 없이 움직인다. 그리고 그 마음은 욕망이라는 술로 취하게 되어서 격렬한 동요가 더 심해지게 된다. 욕망이 마음을 차지하고 나면, 타인의 성공에 대한 질투라는 전갈의 침에 쏘이게 된다. 마지막에 자만이라는 악마가 마음에 들어와서 마음 자체를 가장 중요하다고 생각하게 만든다. 그러한 마음을 통제하기란 얼마나 어려운지!"

이상은 근대 인도의 유명한 영적 지도자인 스와미 비베카난다가 명상과 관련하여 남긴 말이다. 이 이야기를 통해 그가 말하고자 하는 바는, 명상의 근본적 대상인 마음이란 '동요'를 기본적인 속성으로 가지고 있고, 그대로 두면 그 '동요'의 정도가 점차 가중되어 삶에서 심신의 '고통'이 더욱더 심해지게 될 것이므로 마음을 잘 '통제'해야 한다는 것이다. 가라앉히기 몹시 어려운 이 마음을 통제하

는 체계적인 수련법이 명상이다.

우리가 흔히 몸을 단련하는 데 중심을 둔 수련법이라고 생각하는, 인도에 뿌리를 둔 '요가'도 사실상 그 대표 경전인 『요가 수트라(Yoga Sūtra)』를 보면, "요가란 마음의 작용을 억제하는 것"이라고 정의하고 있다.(1장 2경) 다시 말해서 원래 '요가' 또한 '명상'이다. 현대 요가에서 주로 널리 수련되는 아사나(Āsana, 요가 자세/동작)와 좀 더 고급 기법인 프라나야마(Prānāyāma, 호흡/호흡법) 등은 모두 전통 요가에서는 마음을 다스리는 명상을 보다 안정적이고 효과적으로 하기 위한 수단이었다.

우리말로 대개 '명상'으로 번역되는 영어 표현은 Meditation이다. 이 단어는 '알맞은 조치를 취하다' '적절한 대책을 강구하다'라는 의미를 가진 인도·유럽어 어근 med에서 파생된 것으로, Medicine(의학)과 어근이 같다. 바꿔 말해 명상은 원래 의학 즉 치유와 밀접한 연관이 있다. 이러한 연관성은 med의 파생어들 중 '돌보다' '살피다'라는 뜻의 라틴어 Medierī와 '~에 대해 생각하다'라는 뜻의 Meditārī가 있는 데서도 드러난다.

앞서 언급했던 『요가 수트라』의 영역을 보면 대부분의 영역자들은, 우리에게 '선정(禪定)'이라는 불교 번역어로 더 익숙한 산스크리트 Dhyāna(디야나)를 '명상(Meditation)'으로 번역하고 있다. 그 경전에 따르면 명상이란 "이완된 집중에서 관념이 오직 한 가지로 지속되는 상태"(3장 2경)인데, 쉽게 말해 '이완된 집중 상태가 지속되는 것'을 의미한다. 불교 경전인 『대지도론(大智度論)』에 따르면, "선정이란 모든 산란한 마음을 쉬는 것"(17권), 즉 '마음의 고요함' '정신의 집중'을 의미하므로 요가의 '명상'과 불교의 '선정'은 내용상 일정 부분 그 맥을 같이 한다.

우리말 번역어인 명상(瞑想 또는 冥想)은 '눈감을 명(瞑)' 또는 '어두울 명(冥)'에 '생각할 상(想)'이 결합되어 만들어진 단어다. 따라서 '고요히 눈을 감고 깊이 생각하는 것(瞑想)'이라고 할 수도 있는 한편, 冥을 파자하여 덮을 멱(冖), 날 일(日), 여섯 육(六)으로 보아, 육근(六根) 즉 다섯 감각기관(눈, 귀, 코, 혀, 피부)과 이것들 모두를 통솔하는 정신 작용인 마음(意)의 빛(日)이 외부로 향하는 것을 덮어 어둡게 한다(冥)는 의미를 가진 것으로 보고, 여기에 생각(想)을 덧붙여서 명상(冥想)을 '정신의 작용을 멈추게 하는 것'으로 이해하기도 한다. 이 번역어 또한 위의 단락들에서와 마찬가지로 '마음이나 생각 또는 정신의 작용을 멈추는 것'이라는 의미가 담겨 있다.

대중적으로 흔히 명상을 '마음을 고요하게 만드는 것' 또는 '마음을 쉬게 하는 것'이라고 표현하는데, 이에는 앞서 살펴본 전통적인 의미의 명상에 대한 핵심 내용이 고스란히 담겨 있다. 다만 전통적인 명상과 현재 대중적으로 유행하고 있는 명상 사이에는 큰 차이점이 하나 있다. 그것은 '왜 명상을 하는가?', 즉 명상의 목적이다. 인도에서 유래한 전통적인 명상은 고통으로 가득 찬 이 윤회의 세계에서 벗어나는 것, 『요가 수트라』의 용어를 빌자면 독존(獨存, Kaivalya), 불교의 용어로는 열반(涅槃, Nirvāna)이라고 부르는 상태에 도달하는 것이 목표다. 바꿔 말해서 흔히 해탈이라 부르는 상태를 성취하는 것이다.

한편 일반인들을 위한 대중적인 현대 명상의 목표는 대체로 육체적인 휴식과 번잡하고 산만하며 고통스러운 마음에서 벗어나 감정적인 안정감, 정신적인 명료함을 회복함으로써 심신이 평안하면서도 영적으로도 균형 잡힌 일상적인 삶을 살아가는 것이다. 따라서 양자는 그 내용에서 차이를 보일 수밖에 없다. 이 책

『명상의 힘』은 바로 후자 즉 일반인들을 위한 대중적인 명상을 다루고 있다.

* * *

이 책의 전체 내용을 한 문장으로 요약하면, '명상하려는 사람들이 편안히 앉아서 평화롭게 명상하기 위해 몸과 마음을 준비하는 데 필요한 거의 모든 것'이라고 할 수 있다. 그리고 머리말에서 저자가 소개하고 있듯이, 이 책의 목적은 명상 철학이나 고급 명상 기법을 가르치는 것이 아니다. 대신 두 가지 목표를 가지고 있다. 첫째, 처음으로 명상을 시작하려는 사람들이 초반의 장애물과 불편함을 넘어설 수 있도록 돕는 것이다. 둘째, 이미 명상 수행을 하고 있지만 높은 단계로 나아가는 데 있어서 신체적·정신적 장애물에 직면한 분들에게도 도움을 주는 것이다.

이러한 내용을 저자는 구조적인 면에서 『요가 수트라』의 대표적인 수행 체계인 여덟 개의 가지로 된 요가(아슈탕가 요가, Ashtānga Yoga, 이하 여덟 가지 요가)를 골조로 하여 서술하고 있다. 이 여덟 가지 요가는 하타 요가(Hatha Yoga)를 비롯한 후대의 수많은 요가 유파에 영향을 끼쳤고, 그들의 수행 체계의 기본적인 틀이 되었다. 이처럼 널리 받아들여진 점은 이 요가 체계가 지닌 보편성과 범용성을 잘 보여준다.

『요가 수트라』에 나타난 여덟 가지 요가는 명상을 하기 위한 기본적 프로세스이므로 알아 둘 필요가 있다. 그 내용을 간략히 순서대로 살펴보면 다음과 같다.

첫째, 야마(Yama)는 다른 사람들과의 상호 작용에서 지켜야 할 도덕적 규율들

과 관련된 내용들이다. 금계(禁戒)라고 흔히들 번역하는데, 다섯 가지로 이루어져 있다. 그것들은 ①아힘사(Ahimsā, 비폭력, 불상해), ②사티야(Satya, 진실함), ③아스테야(Asteya, 훔치지 않음, 불투도(不偸盜)), ④브라마차리야(Brahmacarya, 지나친 관능성을 절제함, 성적 절제, 동정(童貞)), ⑤아파리그라하(Aparigraha, 탐욕으로부터의 자유, 무소유)다.

둘째, 니야마(Niyama)는 자신과의 관계에서 스스로 홀로 지켜야 할 규율들과 관련된 것으로 권계(勸戒)라고 번역되는데, 야마와 마찬가지로 다섯 가지다. 그것들은 ①샤우차(Sauca, 정신적, 육체적 청정 또는 청결), ②산토샤(Santosha, 만족), ③타파스(Tapas, 자발적 고행), ④스와디야야(Swādhyāya, 자기 학습), ⑤이슈와라-프라니다나(Īshwara-Pranidhāna, 자기 항복, 신에 대한 헌신, 신에 대한 믿음)다.

셋째, 아사나(Āsana, 요가 자세/동작)는 특히 명상을 위한 앉는 자세(좌법, 坐法)를 의미한다. 경전에서는 "견고하고 안락한 것", 다시 말해 '명상을 위한 앉는 자세'라고 정의하고 있다. 이러한 아사나가 후대, 특히 하타 요가 시기로 오면서 현대 요가에서처럼 다양한 요가 동작으로 확장·변화되었고, 이 책에 실린 다양한 아사나 또한 그러한 맥락에 있다.

넷째, 프라나야마(Prānāyāma, 호흡/호흡법)는 "들숨과 날숨을 멈추는 것", 즉 '들숨과 날숨을 아주 길게 쉼으로써 숨의 들고남이 마치 없는 것처럼 되는 상태'로 만드는 것이라 할 수 있다. 이 호흡법 또한 아사나와 마찬가지로, 하타 요가 유파들을 지나며 이 책에 설명된 것과 같은, 호흡을 조절 · 통제하는 다양한 기법들로 발달되었다.

다섯째, 프라티야하라(Pratyāhāra)는 감각을 안으로 거두어들이거나 감각기관을 제어하는 것을 의미한다. 이는 '감각이 외부의 대상과 결합되지 않게 하는 것'으

로 정의할 수 있다. 하지만 실제 수련에서 프라티아하라는 감각기관들을 개별적으로 하나씩 제어해 나가는 방식으로 이루어지지 않는다. 오히려 집중 상태에 들어가기 직전에 자연스럽게 발생하는 하나의 상태라고 볼 수 있다.

여섯째, 다라나(Dhāranā, 이완된 집중)는 "마음이 한 곳에 고정되는 것" 즉 '집중'이라 할 수 있다. 그러나 일반적인 집중이 대체로 몸과 마음의 긴장을 수반한다면, 이와는 대조적으로 다라나란 '이완된 집중'을 의미한다.

일곱째, 디야나(Dhyāna, 명상)는 "집중에서 관념이 오직 한 가지로 지속하는 상태", 바꿔 말해 '집중이 어느 정도의 시간 동안 유지되는 상태'를 지칭하는데, 이것을 우리는 흔히 '명상'이라고 부른다.

여덟째, 사마디(Samādhi, 삼매)는 "명상에서 자신은 없어지고 명상의 대상만이 빛을 발하는 것", 즉 '명상의 주체와 명상의 객체(대상)의 구별이 사라지게 된 상태'다. 이 책에는 이 상태와 관련한 내용은 없는데, 앞서 언급했듯이 이 점은 이 책이 해탈을 지향하는 전통 명상이 아니라 현대 명상, 대중 명상을 다루고 있음을 보여 주는 일면이다.

『명상의 힘』에서는 이상과 같은 여덟 개의 가지를 순서대로 서술하지 않고, 구체적인 실천 수련법들 즉 아사나와 프라나야마를 앞쪽에, 마음가짐과 관련된 부분을 뒤쪽에 배치하고 있다. 자세히 말해 보자면 1장과 2장은 그야말로 명상 입문자라면 누구나 반드시 알아 두어야 할 매우 기초적인 내용을 담고 있다. 그래서 저자는 "명상에 대한 기본적인 내용을 설명하는 1장과 명상을 할 때 걸림돌이 되는 요소를 극복하는 방법에 대해 논의하는 2장을 읽는 것이 좋다."고 말한다. 3장 '올바른 정렬과 다양한 명상 자세'는, 위의 셋째 '아사나'에서 설명했

듯이, 사실상 아사나 즉 좌법에 해당된다. 그리고 안정적이고 효과적으로 디야나 즉 명상에 도달하기 위한 육체적인 준비로서 스트레칭과 아사나를 4장에서, 마음의 준비로서 호흡법을 5장에서 소개한다. 이러한 4, 5장의 내용은 대부분 하타 요가적인 내용으로 이루어져 있다. 그런 다음 6장에서 식습관과 생활습관을 다루고, 이와 연결하여 이와 연결하여 야마와 니야마를 '세상과 자기 자신을 대하는 마음가짐'이라는 제목으로 7장에 배치하여 설명한다. 마지막으로 8장에서는 스스로를 다독이며 수련을 꾸준히 해나갈 수 있는 몇 가지 방법, 예를 들면 수련 일지 작성법, 내면 반응 기록하는 법 등을 제시한다.

이상과 같은 내용과 구조를 가진 이 책을 사용하는 구체적인 방법에 대해서는 17페이지에 있는 저자의 자세하면서도 실용적인 설명을 참조하기 바란다.

* * *

저자인 스와미 사라다난다는 세계적으로 널리 알려진 스와미 비슈누 데바난다(Swami Vishunu-devananda)의 제자다. 한 전통에서 오랜 기간 이론을 학습하고 실천 수행하며 수많은 제자를 가르쳐 오고 있는 그녀는 이 책뿐만 아니라 판미동에서 이미 출간한 두 권의 책, 『호흡의 힘』(2010)과 『차크라의 힘』(2016)의 저자이기도 하다. 앞의 책들에서와 마찬가지로 이 책에서도 오랜 기간 명상을 수련하고 지도하며 쌓아 온 그녀의 깊은 연륜이 잘 묻어나고 있다.

우선 내용 면에서 이 책은 독특한 접근 방식을 취한다. 수많은 명상법과 이를 보조하는 기법들이나 도구들에 대해 번쇄하고 장황하게 소개하지 않는다. 대신

기초적인 기법들과 상대적으로 난이도가 높지 않은 기법들, 그리고 쉽게 구할 수 있는 도구들을 체계적이고 효과적으로 알맞게 활용하는 방법들을 아주 상세하게 설명한다. 명상에 대해 보다 쉽게 대중들에게 전달하고자 하는 저자의 고민과 노력을 잘 느낄 수 있다.

다음으로 형식적·구성적 면에서 이 책은 앞의 두 책이 갖는 장점들을 그대로 가지고 있다. 상세한 설명들이 좀 더 쉽게 전달될 수 있도록 컬러판으로 제작되었고, 머리를 식힐 수 있는 명상적인 그림들과 내용의 이해를 돕는 사진들이 충분하면서도 적절하게 배치되어 있다. 그리고 꼭 알아 두어야 할 핵심 정보와 주의 사항 및 유용한 정보나 조언 등이 잘 읽힐 수 있게 박스 내에 잘 정리되어 있다. 이상과 같은 점들은 독자들의 가독성을 높이는 데 일조한다.

세 책 중에서 맨 처음 국내에 소개된 『호흡의 힘』이 몸 안의 '다섯 프라나(Prāna)'를 중심으로 하는 아사나 · 프라나야마와 명상법을 소개하고 있다면, 두 번째 책인 『차크라의 힘』은 원제가 Chakra Meditation인 것에서도 알 수 있다시피 보다 분명하게 차크라 밸런스를 위한 명상법을 다루고 있다. 앞의 두 책이 하타 요가적인 명상법을 다루고 있다면, 이 책 『명상의 힘』은 어떠한 유파나 특정한 형태의 명상법에 국한되지 않는다. 실로 거의 모든 명상에 적용될 수 있는, 특히 앉아서 하는 명상을 하는 데 도움이 되는 기법들을 망라하고 있다고 해도 과언이 아니다. 뿐만 아니라 명상을 지속할 수 있도록 돕는 수련 일지 작성법, 내면 반응 기록법, 야마와 니야마와 같이 일상에서 가져야 할 마음과 그것을 점검하는 질문, 카르마 요가, 그리고 감사와 자애의 마음 품기 등과 같은 다양한 내용도 포함되어 있다.

이 세 권의 책은 앞서 설명한 바와 같이 각각 나름의 특징들을 가지고 있지만, 저자가 일관된 관점으로 명상이라는 주제를 다루고 있기에 내용에서나 실천 기법에서 상호 보완적인 기능을 한다. 따라서 『명상의 힘』이 마음에 들었다면 나머지 책들도 좋아할 것이고, 역으로 『호흡의 힘』이나 『차크라의 힘』이 마음에 들었다면 이 책도 분명히 좋아할 것이다.

운 좋게도 옮긴이는 저자의 주요 저작 3권을 번역할 수 있는 기회를 가질 수 있었다. 이렇게 된 데에는, 알 수는 없지만, 어떠한 이유가 있으리라 생각한다. 굳이 그 이유를 찾아보자면 옮긴이가 젊은 날에 입문하여 짧지 않은 기간 동안 수련했던 요가가 저자의 뿌리이기도 한 '쉬바난다 요가'였다는 점을 들 수 있을 것 같다. 이 요가는 그녀의 스승인 스와미 비슈누 데바난다가 설립한, 전 세계에 수많은 지부를 둔 쉬바난다 요가 베단타 센터들(Sivananda Yoga Vedanta Centers)에서 가르치는 것이다. 그런 까닭에 그녀가 소개하는 수련법들이나 그것들에 대한 그녀의 설명이 옮긴이에게 친숙한 느낌이 들기도 했고, 예전에 수련할 때의 즐거웠던 경험들이 떠오르기도 해서 번역하는 도중에 간간이 다소의 행복감도 체험할 수 있었다. 더불어 이 책을 탈고하면서 뭔가 마무리 지었다는 생각도 들었다. 그건 아마도 3이라는 숫자가 동서양을 막론하고 '완성, 완전함, 완벽함'을 상징하기 때문인 것 같다.

마지막으로 이 책의 번역을 옮긴이에게 맡겨 주고 긴 시간 기다려 준 판미동 출판사에 감사드린다.

덕제산방(德濟山房)에서 김재민 합장

옮긴이 | 김재민

동국대 인도철학과 대학원에서 요가철학을 전공으로 석·박사 학위를 받았다. 동국대 불교대학원 융합요가학과 책임 교수로 있으면서 강의하고 있고, 인도철학회 편집이사를 맡고 있다. 한국융연구원 예비과정을 수료했고, 한국철학상담학회 철학상담사 전문가, 미국최면치료협회(ABH) 마스터 프랙티셔너 자격을 가지고 활동 중이다. 저서로『요가와 문화』(공저),『Svara Yoga의 사상과 수행체계 연구』가 있고, 번역서로『요가 매트 위의 명상』,『비베카난다의 요가 수트라』,『요가 사전』,『차크라의 힘』,『호흡의 힘』 등이 있다.

명상의 힘

1판 1쇄 찍음 2024년 8월 20일
1판 1쇄 펴냄 2024년 8월 30일

지은이 | 스와미 사라다난다
옮긴이 | 김재민
발행인 | 박근섭
책임편집 | 정지영
펴낸곳 | 판미동

출판등록 | 2009. 10. 8 (제2009-000273호)
주소 | 06027 서울 강남구 도산대로 1길 62 강남출판문화센터 5층
전화 | **영업부** 515-2000 **편집부** 3446-8774 **팩시밀리** 515-2007
홈페이지 | panmidong.minumsa.com

도서 파본 등의 이유로 반송이 필요할 경우에는 구매처에서 교환하시고
출판사 교환이 필요할 경우에는 아래 주소로 반송 사유를 적어 도서와 함께 보내주세요.
06027 서울 강남구 도산대로 1길 62 강남출판문화센터 6층 민음인 마케팅부

ISBN 979-11-7052-401-4 13690

판미동은 민음사 출판 그룹의 브랜드입니다.